BERNHARD BURKHOLZ

Der Untersuchungsgrundsatz im verwaltungsgerichtlichen Eilverfahren

Schriften zum Öffentlichen Recht

Band 527

Der Untersuchungsgrundsatz im verwaltungsgerichtlichen Eilverfahren

Eine Untersuchung über die Bedeutung des § 920 ZPO im Verwaltungsprozeß

Von

Dr. Bernhard Burkholz

Duncker & Humblot · Berlin

CIP-Titelaufnahme der Deutschen Bibliothek

Burkholz, Bernhard:
Der Untersuchungsgrundsatz im verwaltungsgerichtlichen Eilverfahren: e. Unters. über d. Bedeutung d. § 920 ZPO im Verwaltungsprozess / von Bernhard Burkholz. — Berlin: Duncker u. Humblot, 1988
(Schriften zum Öffentlichen Recht; Bd. 527)
Zugl.: Frankfurt (Main), Univ., Diss., 1987
ISBN 3-428-06375-9
NE: GT

Satz: Hagedornsatz, Berlin 46
Druck: Berliner Buchdruckerei Union GmbH, Berlin 61
Printed in Germany

ISBN 3-428-06375-9

Vorwort

Das verwaltungsgerichtliche Eilverfahren unterscheidet sich von dem Verfahren zur Hauptsache vor allem durch die geringere Intensität der tatsächlichen Prüfung: Voraussetzung vorläufigen Rechtsschutzes ist lediglich eine „summarische“ Beurteilung der Sachlage oder gar deren „Glaubhaftmachung“ durch den Antragsteller (§ 123 Abs. 3 VwGO, § 920 Abs. 2 ZPO). Das verträgt sich nicht ohne weiteres mit dem in § 86 Abs. 1 VwGO normierten Grundsatz einer Sachverhaltserforschung von Amts wegen. Unklar ist, inwieweit dem Antragsteller im Eilverfahren eine besondere Verantwortung für die Beschaffung der tatsächlichen Entscheidungsgrundlage obliegt; unklar ist auch, um welches Maß die Anforderungen an die richterliche Erkenntnis herabgesetzt sind. Diese verfahrensrechtlichen Fragen waren Thema einer Gesprächsrunde von Richtern des Verwaltungsgerichts Frankfurt und Vertretern der Fachrichtung Öffentliches Recht der Frankfurter Universität, die den Anlaß für die vorliegende Untersuchung bildete.

Ich danke Herrn Professor Dr. Walter Schmidt, der diese Untersuchung angeregt und mich bei ihrer Durchführung unterstützt hat.

Die Arbeit lag im Frühjahr 1987 dem Fachbereich Rechtswissenschaft der Johann Wolfgang Goethe-Universität in Frankfurt am Main als Dissertation vor.

Frankfurt, im Herbst 1987

Bernhard Burkholz

Inhaltsverzeichnis

Erster Abschnitt

Abkürzungsverzeichnis

a. A.	= anderer Ansicht
ABl.	= Amtsblatt
Abs.	= Absatz
a. E.	= am Ende
Anm.	= Anmerkung
AO	= Abgabenordnung v. 16. 3. 1976
AöR	= Archiv des öffentlichen Rechts
Art.	= Artikel
AS	= Amtliche Sammlung
ASta	= Allgemeiner Studentenausschuß
AsylVerfG	= Gesetz über das Asylverfahren vom 16. 7. 1982
Aufl.	= Auflage
AuslG	= Ausländergesetz vom 28. 4. 1965
BAföG	= Bundesgesetz über individuelle Förderung der Ausbildung i. d. F. der Bekanntmachung vom 6. 6. 1983
BayVBl.	= Bayerische Verwaltungsblätter
BayVGH	= Bayerischer Verwaltungsgerichtshof
BayVGH (N. F.)	= Sammlung von Entscheidungen des Bayerischen Verwaltungsgerichtshofs (Neue Folge)
Bd.	= Band
BGB	= Bürgerliches Gesetzbuch vom 18. 8. 1896
BGBl.	= Bundesgesetzblatt
BT-Ds.	= Bundestags-Drucksache
BVerfG	= Bundesverfassungsgericht
BVerwG	= Bundesverwaltungsgericht
BVerwGG	= Gesetz über das Bundesverwaltungsgericht vom 23. 9. 1952
ders.	= derselbe
DÖV	= Die Öffentliche Verwaltung
DVBl.	= Deutsches Verwaltungsblatt
-E	= Amtliche Entscheidungssammlung (BVerfG, BVerwG)
Einl.	= Einleitung
EntlG	= Gesetz zur Entlastung der Gerichte in der Verwaltungs- und Finanzgerichtsbarkeit vom 31. 3. 1978
Erl.	= Erläuterung

ESVGH	=	Entscheidungssammlung des Hessischen Verwaltungsgerichtshofs und des Verwaltungsgerichtshofs Baden-Württemberg
e. V.	=	einstweilige Verfügung
EVwGO	=	Entwurf einer Verwaltungsgerichtsordnung
EVwPO	=	Entwurf einer Verwaltungsprozeßordnung
f. / ff.	=	folgende
FamRZ	=	Zeitschrift für das gesamte Familienrecht
FGO	=	Finanzgerichtsordnung vom 6.10.1965
Fn.	=	Fußnote
GBl.	=	Gesetzblatt
gem.	=	gemäß
GewArch	=	Gewerbearchiv
GG	=	Grundgesetz für die Bundesrepublik Deutschland vom 23.5.1949
Grundz.	=	Grundzüge
GVBl.	=	Gesetz- und Verordnungsblatt
HessVGH	=	Hessischer Verwaltungsgerichtshof
Hrsg. / hrsg.	=	Herausgeber / herausgegeben
i. d. F.	=	in der Fassung
insbes.	=	insbesondere
i. V. m.	=	in Verbindung mit
JuS	=	Juristische Schulung
KStZ	=	Kommunale Steuer-Zeitschrift
LVG	=	Landesverwaltungsgericht
m.	=	mit
MDR	=	Monatsschrift für Deutsches Recht
m. E.	=	meines Erachtens
MilReg.	=	Militärregierung Deutschland — Britisches Kontrollgebiet
m. w. N.	=	mit weiteren Nachweisen
NJW	=	Neue Juristische Wochenschrift
Nr.	=	Nummer
NVwZ	=	Neue Zeitschrift für Verwaltungsrecht
OVG	=	Oberverwaltungsgericht
OVGE	=	Entscheidungen der Oberverwaltungsgerichte für das Land Nordrhein-Westfalen in Münster sowie für die Länder Niedersachsen und Schleswig-Holstein in Lüneburg
RegBl.	=	Regierungsblatt
Rn.	=	Randnummer
S.	=	Seite
s.	=	siehe
SGB X	=	Sozialgesetzbuch, Zehntes Buch — Verwaltungsverfahren — vom 18.8.1980

SGG	=	Sozialgerichtsgesetz i.d.F. vom 23.9.1975 (BGBl. I, 2535)
u.a.	=	und andere
VBlBW	=	Verwaltungsblätter für Baden-Württemberg
VerwArch	=	Verwaltungsarchiv
VerwRspr.	=	Verwaltungsrechtsprechung in Deutschland
VG	=	Verwaltungsgericht
VGG	=	Verwaltungsgerichtsgesetz
VGH	=	Verwaltungsgerichtshof
vgl.	=	vergleiche
VwGO	=	Verwaltungsgerichtsordnung vom 21.1.1960
VwVfG	=	Verwaltungsverfahrensgesetz (des Bundes) vom 25.5.1976
WiVerw	=	Wirtschaft und Verwaltung — Beilage zum Gewerbearchiv
z.B.	=	zum Beispiel
ZfSH/SGB	=	Zeitschrift für Sozialhilfe und Sozialgesetzbuch
ZPO	=	Zivilprozeßordnung i.d.F. vom 12.9.1950

Erster Abschnitt

Die gesetzlichen Regelungen für die Feststellung des Sachverhalts im Eilverfahren und ihre Auslegung in Rechtsprechung und Schrifttum

I. Glaubhaftmachung des Sachverhalts anstelle gerichtlicher Sachaufklärung?

1. Mehr Fragen als Antworten: Die gesetzliche Ausgangslage

Wer „Recht" haben will, muß sich manchmal beeilen: Der abgewiesene Bewerber um einen Studienplatz verliert ein Semester wertvoller Studienzeit, wenn eine gerichtliche Überprüfung erst nach Ablauf des Semesters ergibt, daß er zum Studium hätte zugelassen werden können; für einen Bewerber um eine Beamtenstelle steht das Recht auf gleichen Zugang zu jedem öffentlichen Amt nach Eignung, Befähigung und fachlicher Leistung gemäß Art. 33 Abs. 2 GG nur auf dem Papier, wenn erst nach der Ernennung eines Konkurrenten deren Rechtswidrigkeit festgestellt wird; und der von einer für sofort vollziehbar erklärten Ausweisungsverfügung betroffene Ausländer möchte eine verbindliche gerichtliche Entscheidung über die Rechtmäßigkeit dieser Verfügung, bevor er das Land verlassen muß.

Für solche Eilfälle hält die Verwaltungsgerichtsordnung das Instrumentarium des einstweiligen Rechtsschutzes bereit. Die sofortige Vollziehung eines angefochtenen Verwaltungsakts, angeordnet entweder aufgrund Gesetzes (§ 80 Abs. 2 Nr. 1-3)* oder aufgrund behördlicher Anordnung (§ 80 Abs. 2 Nr. 4), kann das Verwaltungsgericht durch Anordnung oder Wiederherstellung der aufschiebenden Wirkung des Rechtsbehelfs aussetzen, § 80 Abs. 5. Zur Sicherung eines Rechts oder zur Regelung eines vorläufigen Zustands in bezug auf ein streitiges Rechtsverhältnis kann es gemäß § 123 Abs. 1 einstweilige Anordnungen treffen. Und der Erlaß einer einstweiligen Anordnung ist gemäß § 47 Abs. 7 auch im Rahmen eines Normenkontrollverfahrens möglich, wenn dies zur Abwehr schwerer Nachteile oder aus anderen wichtigen Gründen dringend geboten ist.

Diese Maßnahmen setzen — wie jede andere gerichtliche Entscheidung — einen Erkenntnisakt voraus: das Gericht muß feststellen, daß die tatsächlichen Verhältnisse im Einzelfall die in den einschlägigen Vorschriften jeweils abstrakt

---

* Paragraphenangaben ohne Gesetzesbezeichnung beziehen sich auf die Verwaltungsgerichtsordnung.

beschriebenen Voraussetzungen erfüllen. Bevor es eine einstweilige Anordnung treffen oder die aufschiebende Wirkung eines Rechtsbehelfs wiederherstellen kann, müssen die tatsächlichen Verhältnisse des Falles also erst einmal in Erfahrung gebracht werden. Den einzelnen Voraussetzungen der die begehrte Eilmaßnahme vorsehenden Normen ist insoweit nur zu entnehmen, welche Tatsachen für die Entscheidung von Bedeutung sind. Aber auch der Erkenntnisvorgang selbst muß gesetzlich geregelt sein; das Gesetz muß bestimmen, wer für die Beschaffung des entscheidungserheblichen Tatsachenstoffs verantwortlich ist — die Beteiligten oder auch (oder nur) das Gericht —, wie die in Erfahrung gebrachten Tatsachen verwertet werden dürfen und welche Anforderungen an die Erkenntnis dieser Tatsachen zu stellen sind. Davon hängt die Wirksamkeit des vorläufigen Rechtsschutzes in mindestens gleichem Maß ab wie von den rechtlichen Maßstäben für die Eilentscheidungen. Schon eine erste Übersicht über die einzelnen gesetzlichen Bestimmungen zeigt allerdings, daß präzise Regelungen für die Zusammenstellung des entscheidungserheblichen Sachverhalts im Eilverfahren fehlen.

a) Das Eilverfahren gemäß § 123 VwGO

Für das Verfahren nach Antrag auf Erlaß einer einstweiligen Anordnung — der Einfachheit halber im folgenden kurz als Anordnungsverfahren bezeichnet — verweist § 123 Abs. 3 auf bestimmte Vorschriften der Zivilprozeßordnung. Von ihnen betrifft offenbar § 920 ZPO die Zusammenstellung der tatsächlichen Grundlage der Entscheidung. Daß danach der zu sichernde Anspruch und ein „Grund" für den Erlaß der einstweiligen Anordnung[1] zu bezeichnen und glaubhaft zu machen sind, könnte auf eine Verpflichtung des Antragstellers hindeuten, diejenigen Tatsachen mitzuteilen, aus denen sich der Anspruch und der Anordnungsgrund ergeben, und die Beweismittel zur Verfügung zu stellen, aufgrund deren die Behauptungen über diese Tatsachen als glaubhaft erscheinen können[2]. Dann müßte der Bewerber um einen Studienplatz nicht nur seine Hochschulreife belegen, sondern auch nachweisen, daß in dem von ihm angestrebten Studiengang an einer bestimmten Universität noch mindestens ein Platz frei ist. Und wenn das mißlingt, könnte der Antrag möglicherweise schon aus diesem Grund zurückgewiesen werden.

Andererseits hat aber das Gericht den Sachverhalt von Amts wegen zu erforschen. Das sieht § 86 Abs. 1 jedenfalls für den normalen Prozeß vor. Gilt der damit statuierte Untersuchungsgrundsatz[3] auch im Eilverfahren, scheint ein Widerspruch zu der Regelung in § 123 Abs. 3, § 920 Abs. 2 ZPO nicht zu

[1] Zur Übersetzung dieser Begriffe in die Terminologie des Verwaltungsprozeßrechts näher unten 2. Abschnitt, Kapitel I 1.

[2] So für das zivilprozeßrechtliche Eilverfahren beispielhaft Baumbach/Lauterbach, § 920 Erl. 1 A, 2 A und § 294 Erl. 2, 4; Thomas/Putzo, § 920 Erl. 1, 2; weitere Nachweise bei Hirtz, NJW 1986, 110 (111 f.).

[3] Die Terminologie ist nicht einheitlich; dazu Kropshofer, 15 ff.

vermeiden zu sein: Wenn der Antragsteller die Voraussetzungen der einstweiligen Anordnung glaubhaft zu machen hat, braucht das Gericht nichts mehr zu erforschen — und umgekehrt: erforscht das Gericht die entscheidungserheblichen Tatsachen von Amts wegen, macht die Geltung des § 920 Abs. 2 ZPO offenkundig wenig Sinn. Schon das könnte es als fragwürdig erscheinen lassen, § 86 Abs. 1 und § 920 Abs. 2 ZPO nebeneinander im Eilverfahren anzuwenden. Darüber hinaus können auch die Besonderheiten des Eilverfahrens der Geltung des § 86 Abs.1 entgegenstehen. Muß nämlich das Gericht erst (unter Umständen zeitraubende) Ermittlungen anstellen, kann es nicht kurzfristig entscheiden; daß die Entscheidung so bald wie möglich getroffen wird, ist aber gerade eine Voraussetzung für die Wirksamkeit des einstweiligen Rechtsschutzes.

Die Verwaltungsgerichtsordnung regelt das Verhältnis beider Normen zueinander nicht ausdrücklich. Aus dieser Unklarheit des Gesetzes ergibt sich für den Antragsteller eine folgenschwere Unsicherheit. Hat nämlich das Gericht auch im Eilverfahren seiner Ermittlungspflicht nachzukommen, kann er sich mit einem ganz „normalen" Tatsachenvortrag begnügen, wie er im Verwaltungsprozeß auch sonst erforderlich ist[4]; ein in jeder Hinsicht erschöpfender Sachvortrag und die Vorlage aller notwendigen Beweismittel können dann nicht verlangt werden. Muß dagegen der Antragsteller die Entscheidungsvoraussetzungen glaubhaft machen, ohne daß das Gericht darüber hinaus den Sachverhalt aufklären müßte, hängt der Prozeßerfolg allein von seinem Vorbringen ab. Um nicht von vornherein eine Prozeßniederlage zu riskieren, muß er substantiiert und umfassend vortragen sowie sämtliche seinen Vortrag stützenden Beweismittel beibringen. Was im einzelnen von ihm verlangt wird, muß er zudem schon vor Antragstellung wissen, da sonst sein Antrag unter Umständen wegen unzureichenden Vortrags zurückgewiesen wird. Aber auch die Richter, von denen eine Entscheidung gefordert wird, müssen wissen, ob sie den Antrag auf einstweilige Anordnung ohne Versuche weiterer Sachaufklärung zurückweisen dürfen oder etwa doch ermitteln müssen.

b) Das Eilverfahren gemäß § 80 Abs. 5 VwGO

Anders als § 123 Abs. 3 für das Anordnungsverfahren enthält § 80 Abs. 5 keine für die Feststellung des Sachverhalts einschlägigen verfahrensrechtlichen Bestimmungen, und zwar nicht einmal in Form einer Verweisung auf die Zivilprozeßordnung. Gemäß § 173 gilt aber auch in diesem Eilverfahren die Zivilprozeßordnung entsprechend, soweit grundsätzliche Unterschiede des Verwaltungsprozesses nicht entgegenstehen. Aufgrunddessen könnte zwar § 920 Abs. 2 ZPO als nicht anwendbare Vorschrift angesehen werden, denn die darin normierte Verpflichtung zur Glaubhaftmachung scheint ja dem Untersuchungsgrundsatz zu widersprechen. Gleichwohl wird jedenfalls im Schrifttum überwiegend die Meinung vertreten, daß eine Entscheidung gemäß § 80 Abs. 5 dann

[4] Dazu näher unten 2. Abschnitt, Kapitel I 2 b bb (1).

getroffen werden kann, wenn die entscheidungserheblichen Tatsachen glaubhaft gemacht sind[5]. Die Verantwortlichkeit für die Beschaffung der tatsächlichen Grundlage der Entscheidung ist mithin auch im Aussetzungsverfahren[6] nicht klar geregelt, der Antragsteller daher den gleichen Unwägbarkeiten ausgesetzt wie im Anordnungsverfahren.

c) Das Eilverfahren gemäß § 47 Abs. 7 VwGO

Das gilt schließlich auch für den einstweiligen Rechtsschutz im Normenkontrollverfahren gemäß § 47 Abs. 7. Die schon sprachliche Nähe der Vorschrift zu § 123 Abs. 1 S. 2 rechtfertigt es, mangels ausdrücklicher Regelungen die Verfahrensvorschriften des § 123 Abs. 2-4 oder jedenfalls die darin zum Ausdruck kommenden „allgemeinen Grundsätze" anzuwenden[7]. Folgt der Erkenntnisakt im Normenkontrollverfahren aber den gleichen Regeln wie derjenige im Anordnungsverfahren, braucht auf die Feststellung des Sachverhalts in diesem Verfahren im folgenden nicht gesondert eingegangen zu werden.

2. Reformversuch ohne Lösungsvorschlag: Das Eilverfahren nach dem Entwurf einer Verwaltungsprozeßordnung

Die Fragen, die die verfahrensrechtlichen Bestimmungen der Verwaltungsgerichtsordnung offenlassen, werden durch den Entwurf einer Verwaltungsprozeßordnung (EVwPO)[8] weder gegenstandslos noch beantwortet. Grundsätzlich soll der Untersuchungsgrundsatz auch weiterhin gelten (§ 86 Abs. 1 EVwPO)[9]; grundsätzlich bleibt es auch bei der Aufteilung der Möglichkeiten einstweiligen

---

5 Eyermann / Fröhler, § 80 Rn. 47 b; Klinger, § 80 Erl. E 3 b; Koehler, § 80 Erl. E IV 5; Kopp, VwGO, § 80 Rn. 91 — anders und daher insgesamt widersprüchlich aber Rn. 94 a; Redeker / von Oertzen, § 80 Anm. 48; Schunck / De Clerck, § 80 Erl. 5 e ee. Aus der übrigen Literatur beispielhaft *Finkelnburg* / Jank, Rn. 766; Hoffmann, DÖV 1976, 371 (375); Scholler / Broß, Rn. 472; Ule, Verwaltungsprozeßrecht, § 49 III 2.

6 Der Begriff dient der Vermeidung von umständlichen Formulierungen und entspricht dem Rechtsschutzziel des Antragstellers: wird die aufschiebende Wirkung eines Rechtsbehelfs angeordnet oder wiederhergestellt, kommt das einer Aussetzung der Vollziehung (vgl. § 80 Abs. 4) gleich. Zum Begriff auch *Finkelnburg* / Jank, Rn. 638, und Limberger, 151.

7 Eyermann / Fröhler, § 47 Rn. 37 a; Finkelnburg / Jank, Rn. 450 (dort [Rn. 438 f.] auch zu den Unterschieden gegenüber § 123); Kopp, VwGO, § 47 Rn. 76, 79; Redeker / von Oertzen, § 47 Anm. 43; Schunck / De Clerck, § 47 Erl. 8 c. Aus der Rechtsprechung exemplarisch OVG Lüneburg NVwZ 1984, 185.

8 Gesetzentwurf der Bundesregierung vom 31. 5. 1985, Bundestags-Drucksache 10/3437, mit Berichtigung vom 13. 6. 1985, BT-Ds. 10/3477.

9 Die Änderung des Wortlauts, nach dem das Gericht den Sachverhalt nunmehr „ermittelt", ist lediglich redaktioneller Art und bezweckt die Angleichung der Vorschrift an §§ 24 Abs. 1 VwVfG; 88 Abs. 1 S. 1 AO; 20 Abs. 1 S. 1 SGB X; vgl. Begründung zu § 86 EVwPO, BT-Ds. 10/3437, 113. Neu ist allerdings die ausdrückliche Begründung einer Rechtspflicht der Beteiligten in S. 2, bei der Aufklärung des Sachverhalts mitzuwirken.

Rechtsschutzes nach dem Muster der Verwaltungsgerichtsordnung. Für das Anordnungsverfahren ist in dem gegenüber § 123 auf drei Absätze verkürzten § 138 EVwPO wiederum die entsprechende Geltung (nur) einzeln aufgezählter Vorschriften der Zivilprozeßordnung angeordnet, zu denen auch § 920 ZPO gehört (§ 138 Abs. 2 S. 3 EVwPO). Für die einstweilige Anordnung in Normenkontrollsachen wird in § 139 EVwPO — im Unterschied zur heutigen Gesetzeslage — mit der Verweisung auf § 138 Abs. 2 EVwPO und die darin genannten Bestimmungen eine ausdrückliche Verfahrensregelung getroffen, die sich von derjenigen des Anordnungsverfahrens nicht unterscheidet. Und für das Aussetzungsverfahren sind in § 135 EVwPO besondere Bestimmungen nicht zu finden; aufgrund der allgemeinen Verweisung auf die Zivilprozeßordnung in § 185 EVwPO ist aber eine entsprechende Anwendung des § 920 ZPO in gleicher Weise möglich wie heute aufgrund des § 173. Besondere Anweisungen zur Handhabung der §§ 138 Abs. 2 S. 3; 135; 185 EVwPO i.V.m. § 920 (Abs. 2) ZPO — mit Blick auf § 86 Abs. 1 EVwPO — sind nicht vorgesehen.

3. Die möglichen Bedeutungen des § 920 Abs. 2 ZPO

a) Die Auslegungsmöglichkeiten

Die Regeln für die Feststellung des Sachverhalts im Eilverfahren haben sich auf den ersten Blick als unklar, ja offenbar sogar widersprüchlich erwiesen. Zumindest der anscheinend schroffe Gegensatz zwischen § 920 Abs. 2 ZPO und § 86 Abs. 1 entpuppt sich bei genauerem Hinsehen jedoch nur als Folge einer möglichen, nicht aber zwingenden Sicht des Verhältnisses beider Normen zueinander, die auf dem Verständnis des Begriffs „Glaubhaftmachung" im Rahmen des Zivilprozeßrechts beruht. § 920 Abs. 2 ZPO kann daher zwar die Geltung des § 86 Abs. 1 ausschließen, muß dies aber nicht; und auch der Untersuchungsgrundsatz braucht der Pflicht zur Glaubhaftmachung nicht notwendig entgegenzustehen. Denn daß Anspruch und Anordnungsgrund glaubhaft zu machen sind, kann schon rein sprachlich, erst recht aber unter Berücksichtigung des gesetzlichen Kontexts ganz Unterschiedliches bedeuten — und je nach dem kommt es zu einer Kollision mit § 86 Abs. 1 oder eben nicht[10].

aa) Daß die Entscheidungsvoraussetzungen nur „glaubhaft" (gemacht) sein müssen, kann zunächst bedeuten, daß im Eilverfahren die Erkenntnis des Gerichts geringeren Anforderungen unterliegt als im normalen Prozeß. Dann braucht sich das Gericht nicht Gewißheit über den Sachverhalt verschaffen zu müssen, sondern mag sich mit einer bestimmten Wahrscheinlichkeit — oder gar mit bloßem Glauben? — begnügen dürfen. Die Verringerung der Erkenntnisanforderungen kann sich auch auf die rechtliche Prüfung mit der Folge erstrecken, daß die Richter von einer umfassenden und abschließenden Rechtsprüfung

[10] Zu den unterschiedlichen Bedeutungen des Begriffs „Glaubhaftmachung" hier schon allgemein Leipold, 66ff., und speziell für das öffentliche Recht Bauer, ZfSH/SGB 1984, 445; Berg, 124ff.

entbunden sind: da der „Anspruch" glaubhaft sein muß, könnte es genügen, daß er auch in rechtlicher Hinsicht nur möglich oder wahrscheinlich ist oder daß — im Aussetzungsverfahren — die Interessen des Antragstellers an der aufschiebenden Wirkung seines Rechtsbehelfs deshalb überwiegen, weil der angefochtene Verwaltungsakt möglicherweise oder wahrscheinlich rechtswidrig ist[11]. Beides führt nicht zu einem Konflikt mit § 86 Abs. 1: Die Glaubhaftigkeit des Sachverhalts kann sich aus gerichtlichen Ermittlungen ergeben, und die Verringerung der Anforderungen an die rechtliche Prüfung berührt die Feststellung des Sachverhalts gar nicht.

Das Ergebnis fällt freilich anders aus, legt man den Schwerpunkt der Interpretation auf die in § 920 Abs. 2 ZPO enthaltene Handlungsanweisung, nach der Anordnungsanspruch und Anordnungsgrund glaubhaft *zu machen* sind. Das kann bedeuten, der Antragsteller — und nur er — habe die Voraussetzungen für die Erkenntnis des Gerichts zu schaffen, und käme der oben zu 1 a) skizzierten Vortrags- und Beweisführungspflicht gleich. Trägt aber insoweit allein der Antragsteller die Verantwortung für die tatsächliche Grundlage der Entscheidung, ist der Widerspruch zum Untersuchungsgrundsatz offensichtlich.

bb) Aus § 920 Abs. 2 ZPO folgt für das Eilverfahren vor den Zivilgerichten die Geltung des § 294 ZPO. Daher kann eine tatsächliche Behauptung nicht nur mit den üblichen Beweismitteln (§§ 282 Abs. 2, 371 ff. ZPO), sondern auch mittels einer Versicherung an Eides Statt glaubhaft gemacht werden, § 294 Abs. 1 ZPO. Aufgrund einer durch § 920 Abs. 2 ZPO (oder § 173 VwGO) ermöglichten entsprechenden Anwendung des § 294 Abs. 1 ZPO könnten also auch im verwaltungsgerichtlichen Eilverfahren die Beweismittel — vgl. § 96 Abs. 1 S. 2 VwGO — um die eidesstattliche Erklärung erweitert sein. Das käme dem Antragsteller entgegen, aber auch dem Gericht, das sich seine Erkenntnis dann leichter verschaffen könnte.

Andererseits darf gemäß § 294 Abs. 2 ZPO zur Glaubhaftmachung Beweis nur sofort erhoben werden. § 294 Abs. 2 ZPO scheint damit gerichtliche Ermittlungen für unzulässig zu erklären, führt aber jedenfalls zu der Frage, wer denn dafür zu sorgen hat, daß die Beweisaufnahme sofort erfolgen kann. Diese Regelung stützt daher die Annahme, das Erfordernis der „Glaubhaftmachung" verpflichte den Antragsteller zum Vortrag und zur Beweisführung, während § 294 Abs. 1 ZPO insoweit neutral ist.

Im Zivilprozeßrecht bereiten die durch § 294 (insbesondere Abs. 2) ZPO bedingten Weiterungen keine Probleme. Hier ist es ja auch sonst Aufgabe der streitenden Parteien, den für die Entscheidung erheblichen Tatsachenstoff vorzubringen und zu beweisen (vgl. insbesondere §§ 130 (Nr. 5); 138; 282 Abs. 1; 288 ZPO)[12].

---

[11] Zu den Entscheidungsmaßstäben im Aussetzungsverfahren ausführlicher unten 2. Abschnitt, Kapitel II 2 a.

Mit der durch § 86 Abs. 1 angeordneten Erforschung des Sachverhalts durch das Gericht im Verwaltungsprozeß scheint jedoch § 294 Abs. 2 ZPO nicht in Einklang gebracht werden zu können. Schließt also § 86 Abs. 1 die Möglichkeit aus, zur Klärung der Bedeutung des § 920 Abs. 2 ZPO auch § 294 Abs. 2 ZPO heranzuziehen? Oder stützt § 294 Abs. 2 ZPO umgekehrt die Annahme, § 86 Abs. 1 gelte im Eilverfahren nicht? Oder gelten beide Vorschriften nebeneinander — und müssen die aus ihnen sich ergebenden Rechtsfolgen erst noch präzisiert werden?

cc) Die letzte Möglichkeit der Interpretation des § 920 Abs. 2 ZPO berührt nicht die Frage, ob das Gericht den Sachverhalt von Amts wegen erforscht oder die Beweisführung dem Antragsteller obliegt. Denn in beiden Fällen kann das Verfahren dazu führen, daß eine tatsächliche Behauptung oder der geltend gemachte Anspruch sich nicht als glaubhaft erweisen lassen. § 920 Abs. 2 ZPO könnte für diesen Fall bestimmen, wer das Risiko der Unaufklärbarkeit des Sachverhalts oder der Rechtslage zu tragen hat: nämlich der Antragsteller, der die Entscheidungsvoraussetzungen hätte glaubhaft machen müssen. Dann regelte die Vorschrift (auch) die Verteilung der Beweislast im Eilverfahren.

b) Folgerungen für die weitere Untersuchung

Steht also einerseits die Geltung des § 920 Abs. 2 ZPO zwar nicht zwangsläufig in Gegensatz zu § 86 Abs. 1 — dies scheint das Problem der Anwendung der Vorschrift im verwaltungsgerichtlichen Eilverfahren zu entschärfen —, so zeigt doch die Vielfalt der denkbaren Regelungsinhalte andererseits auch, daß der Vorgang der Zusammenstellung der tatsächlichen Entscheidungsgrundlage normativ in der Tat noch nicht klar genug bestimmt ist.

Das beruht auf dem Verzicht auf eine eigene verfahrensrechtliche Regelung für den einstweiligen Rechtsschutz vor den Verwaltungsgerichten: Aus der schlichten Übernahme der für den Zivilprozeß konzipierten Regeln und Begriffe folgt eben noch nicht, daß die besonderen Regeln des Verwaltungsprozesses nicht mehr gelten. Aufgrund dessen läßt sich der Interpretationsspielraum auch nicht durch Berücksichtigung des Gesetzeszusammenhangs von vornherein begrenzen; der Versuch, die von der Zivilprozeßordnung angebotenen Präzisierungen des Begriffs „Glaubhaftmachung" auch im Verwaltungsprozeß zu nutzen, führt gerade zu weitergehenden Auslegungsfragen, die beantwortet sein müssen, bevor von den Antworten auf die Bedeutung des § 920 Abs. 2 ZPO im verwaltungsgerichtlichen Eilverfahren geschlossen werden kann. Vorerst kann mithin lediglich festgehalten werden: „Glaubhaftmachung" kann, muß aber nicht dasselbe bedeuten wie im Zivilprozeß. Und selbst wenn jedenfalls an die richterliche Erkenntnis der Tatsachen im verwaltungsgerichtlichen Eilverfahren ebenso wie im Arrest- und Verfügungsverfahren der Zivilprozeßordnung geringere Anforderungen als im normalen Prozeß zu stellen sind, müssen diese

[12] Dazu statt vieler Baumbach/Lauterbach, Grundz. § 128 Erl. 3 C; Thomas/Putzo, Einl. I 1 a aa und noch unten 2. Abschnitt, Kapitel I 2 b bb (1).

Anforderungen noch präzisiert werden, muß also geklärt werden, unter welchen Voraussetzungen eine Tatsache als „glaubhaft“ (gemacht) angesehen werden kann. § 920 Abs. 2 ZPO läßt diese Frage offen.

Damit ist das Programm für die weitere Untersuchung vorgegeben. Ihr muß gleichwohl nicht zwangsläufig das ganze Spektrum möglicher Bedeutungen des § 920 Abs. 2 ZPO zugrundeliegen. Es könnte vielmehr sein, daß bestimmte Bedeutungsvarianten deshalb vernachlässigt werden dürfen, weil sie weder in der Praxis der Gerichte noch im Schrifttum ernsthaft vertreten werden. Konkret: Würde etwa niemand die aus § 86 Abs. 1 folgende Ermittlungspflicht des Gerichts wegen § 920 Abs. 2 ZPO grundsätzlich in Frage stellen, wäre es müßig, der Frage nachzugehen, ob § 920 Abs. 2 ZPO den Untersuchungsgrundsatz verdrängt. Zu bestimmen wäre dann nur noch der den Erfordernissen des Eilverfahrens gerecht werdende Umfang der gerichtlichen Aufklärungstätigkeit. Wenn also im folgenden Kapitel der Umgang der Gerichte mit § 920 Abs. 2 ZPO und die Meinungsäußerungen im Schrifttum dargestellt werden, dann dient dies nicht nur dem Zweck, die Relevanz der soeben skizzierten Auslegungsmöglichkeiten anhand von Theorie und Praxis festzustellen und sie eventuell zu ergänzen und zu präzisieren. Vielmehr soll auch geprüft werden, ob der zunächst als sehr weit erscheinende Spielraum für die Interpretation des § 920 Abs. 2 ZPO aufgrund der praktischen Bedeutung der Vorschrift eingegrenzt und das Auslegungsproblem dadurch vereinfacht werden kann.

Der Überblick über Auslegung und Anwendung des Begriffs „Glaubhaftmachung“ wird sich allerdings nicht ausschließlich auf das Eilverfahren beschränken. Die Glaubhaftmachung von Voraussetzungen für eine Entscheidung des Verwaltungsgerichts ist nämlich auch in anderen Normen vorgesehen, so etwa in § 54 Abs. 1 (in Verbindung mit § 44 Abs. 2, 4 ZPO) für die Ablehnung und Ausschließung von Gerichtspersonen und insbesondere in § 60 Abs. 2 für die Wiedereinsetzung in den vorigen Stand; in einer anderen Wendung, nämlich zugunsten der Behörde, ist Glaubhaftmachung für die Voraussetzungen der Verweigerung einer Vorlage von Urkunden oder Akten oder der Erteilung von Auskünften gemäß § 99 Abs. 2 zugelassen[13]. Freilich werden die dazu vertretenen Meinungen für die Lösung des hier erörterten Problems nicht unmittelbar Nutzen bringen können: Die genannten Vorschriften betreffen nur einzelne Handlungen im Rahmen ganz normaler Gerichtsverfahren, für die im übrigen der Untersuchungsgrundsatz gelten kann, ohne daß es zu Schwierigkeiten mit der Anordnung einer Glaubhaftmachung für bestimmte Tatsachen kommen muß. Dagegen ist es ja gerade fraglich ob die Feststellung des Sachverhalts in den jeweils selbständigen Eilverfahren[14] nicht überhaupt besonderen Regeln folgt. Das Wissen darüber, was „Glaubhaftmachung“ in diesen Zusammenhängen bedeutet, wird aber das Bild vom Verständnis des Begriffs im Verwaltungsprozeß abrunden können. Das rechtfertigt einen entsprechenden Exkurs.

---

[13] Siehe auch die Übersicht bei Ule, Verwaltungsprozeßrecht, § 49 III 2.

[14] Dazu nur Kopp, VwGO, § 80 Rn. 90; § 123 Rn. 19.

II. Der bisherige Diskussionsstand: Auslegung und Anwendung des § 920 Abs. 2 ZPO im Rahmen des verwaltungsgerichtlichen Eilverfahrens

1. Die Rechtsprechung der Verwaltungsgerichte

a) Vorbemerkung

Die Auswertung der Gerichtspraxis zu § 920 Abs. 2 ZPO konzentriert sich auf die Rechtsprechung der Oberverwaltungsgerichte der Bundesländer und insoweit im wesentlichen auf veröffentlichte Entscheidungen aus neuerer Zeit. Diese Auswahl beruht auf mehreren Erwägungen. Erstinstanzliche Entscheidungen der Verwaltungsgerichte im Eilverfahren werden kaum veröffentlicht; ein auch nur annähernd vollständiges Bild von der Auslegung des § 920 Abs. 2 ZPO ließe sich aufgrund dieser Publikationen nicht gewinnen. Das Problem der dem Eilverfahren angemessenen Sachverhaltsfeststellung stellt sich jedoch auch bei der nicht nur rechtlichen, sondern auch tatsächlichen Überprüfung erstinstanzlicher Entscheidungen im Beschwerdeverfahren vor den Oberverwaltungsgerichten (als Erklärung: § 80 Abs. 6 bzw. Art. 2 § 3 Abs. 1 EntlG in Verbindung mit §§ 146ff., 46 Nr. 2)[1], deren Entscheidungen zudem eine die Auslegung vereinheitlichende Wirkung zumindest im jeweiligen Bundesland zukommt. Für die Interpretation des Begriffs „Glaubhaftmachung" dürfte sich daher die Praxis der Oberverwaltungsgerichte insgesamt als ergiebiger erweisen als diejenige der Verwaltungsgerichte im ersten Rechtszug. Erkenntnisse des Bundesverwaltungsgerichts sind demgegenüber infolge des Instanzenzugs vergleichsweise selten: Als Beschwerdegericht kommt es im Eilverfahren nicht in Frage — § 152 Abs. 1 —[2], und als Gericht der Hauptsache ist das Bundesverwaltungsgericht nur in den in § 50 genannten Fällen sowie nach Einlegung einer Revision in der Hauptsache als Revisionsgericht (§ 49)[3] auch für das Eilverfahren zuständig. Soweit in den wenigen veröffentlichten Entscheidungen aber für die vorliegend untersuchte Fragestellung bedeutsame Aussagen zu finden sind, werden sie jeweils im einschlägigen thematischen Zusammenhang mit der entsprechenden Rechtsprechung der Oberverwaltungsgerichte berücksichtigt.

---

[1] Zum Beschwerdeverfahren Finkelnburg/Jank, Rn. 352ff., 796; Kopp, VwGO, § 80 Rn. 99, 104 b, 105; § 123 Rn. 33, 35.

[2] Dazu nur Finkelnburg/Jank, Rn. 328, 330, 788. Bezeichnend ist die Zahl der in der Sammlung Buchholz veröffentlichten Entscheidungen: nämlich (bis einschließlich 1986) gerade 12 zu § 123; zu § 80 sind es dagegen immerhin 45.

[3] Vgl. insoweit ebenfalls Finkelnburg/Jank, Rn. 794 m. Fn. 11.

b) Beispiele für die Verwendung des Begriffs „Glaubhaftmachung“

Schon die in nur einem Kommentar[4] zu dem Erfordernis der Glaubhaftmachung angeführten Entscheidungen spiegeln die Vielfalt der Auffassungen[5] — und erweisen die Hoffnung auf eine Verminderung der praktisch relevanten Bedeutungsvarianten des § 920 Abs. 2 ZPO als trügerisch.

In vier dort genannten Fällen scheiterte der Erlaß der beantragten Anordnung daran, daß — so jeweils die Formulierung der Entscheidungsgründe — der Antragsteller den behaupteten Anspruch oder bestimmte Tatsachen „nicht glaubhaft gemacht hat“[6].

Am weitesten auf zivilprozeßrechtlich bereitetem Boden scheint sich dabei das OVG Münster zu bewegen. Der Senat geht bei der Begründung seiner Entscheidung — es ging um die Zuteilung eines Studienplatzes — jeweils vom Vorbringen des Antragstellers aus und orientiert sich daran nicht nur bei der Prüfung der rechtlichen Voraussetzungen des geltend gemachten Rechts[7], sondern offenbar auch bei der Bestimmung der überhaupt als entscheidungserheblich in Betracht zu ziehenden Tatsachen. Schließlich hält er die Behauptung des Antragstellers, vorhandene Studienplatzkapazität werde nicht ausgenutzt, für nicht glaubhaft, da der Antragsteller nichts dafür vorgetragen habe, daß ein Studienplatz etwa durch eine Exmatrikulation wieder frei geworden sei, und einem Bericht der Antragsgegnerin nicht widersprochen habe, nach dem auch unter Umständen rechtswidrig vergebene Studienplätze nicht ungenutzt gewesen seien[8]. Vorgehensweise und Argumentation erinnern ganz offenkundig an § 138 Abs. 3 ZPO, während § 86 Abs. 1 VwGO dagegen wie selbstverständlich ignoriert wird.

Ähnlich die Gründe des OVG Lüneburg: Dem Antragsteller, der durch einstweilige Anordnung die — wegen Beteiligung an angeblich verfassungsfeindlichen Bestrebungen verweigerte — Ernennung zum Rechtsreferendar und Aufnahme in den Vorbereitungsdienst erwirken wollte, sei die „ihm obliegende“ Glaubhaftmachung nicht gelungen[9]. Was der Senat damit meint, präzisiert er an

---

[4] Kopp, VwGO, § 123 Rn. 23, 24 (hinsichtlich der Zulässigkeitsvoraussetzungen), 29 (zur Begründetheit). Die zur Glaubhaftmachung von Tatsachen im Aussetzungsverfahren angegebenen Entscheidungen — § 80 Rn. 91 — sind für die Interpretation unergiebig.

[5] Mit Ausnahme der Entscheidungen des OVG Münster DÖV 1967, 99; NJW 1982, 2517 = DÖV 1983, 38. Im letztgenannten Beschluß wiederholt das Gericht immerhin den Gesetzeswortlaut. BayVGH DVBl. 1982, 1012 — auch von Kopp genannt — befaßt sich demgegenüber vorwiegend mit der Abgrenzung des § 80 Abs. 5 von § 123 hinsichtlich einer Rückgängigmachung von Vollziehungshandlungen; nur beiläufig ist von einer Darlegungslast des Antragstellers im Verfahren nach § 123 VwGO die Rede (1014).

[6] VGH Baden-Württemberg DÖV 1981, 65; HessVGH VerwRspr. 25, 1021; OVG Lüneburg DVBl. 1972, 958; OVG Münster (nicht Bremen!) NVwZ 1983, 236.

[7] OVG Münster (Fn. 6), (rechte Spalte).

[8] OVG Münster (Fn. 6), 237.

[9] OVG Lüneburg DVBl. 1972, 958 (959, 960).

anderer Stelle: Da für die Auffassung des Antragsgegners aufgrund konkreter, im einzelnen dargelegter Umstände eine „gewisse Wahrscheinlichkeit" bestanden habe, hätte der Antragsteller *tatsächliche Umstände* zugunsten seiner Sicht der Dinge glaubhaft machen müssen. Mit der von ihm vorgelegten eidesstattlichen Versicherung (§ 294 ZPO) habe er jedoch lediglich künftige Verhaltensweisen angekündigt, die nicht Gegenstand einer Glaubhaftmachung sein könnten[10]. Beide Senate erwecken durch Wortlaut und Begründungsmuster den Eindruck, das Erfordernis der Glaubhaftmachung begründe eine Darlegungspflicht, deren Nichterfüllung zwangsläufig zur Abweisung des Antrags führt, ohne daß das Gericht noch eigene Ermittlungen anstellen muß.

Auch die Wortwahl des VGH Baden-Württemberg und des Hessischen VGH[11] sowie des OVG Hamburg[12] offenbart ein eher zivilprozeßrechtlich geprägtes Verständnis des Begriffs Glaubhaftmachung. Im Unterschied zum Fall des Hessischen VGH, der seine Entscheidung noch stärker darauf stützt, daß die Antragstellerin bestimmte *tatsächliche* Umstände nicht glaubhaft gemacht hat[13], war allerdings den Antragstellern im Fall des OVG Hamburg die Glaubhaftmachung der Gefährdung eines Rechts durch Vorlage von Druckschriften und einem schriftlichen Bericht gelungen[14], so daß sich die Frage nach der Erforderlichkeit gerichtlicher Ermittlungen nicht stellte. Hingegen stellt der VGH Baden-Württemberg lediglich *rechtliche* Überlegungen zu einem Anspruch auf Zulassung zum Studium an einer staatlich anerkannten kirchlichen Fachhochschule dar. Inwieweit der Senat dabei vom Vortrag der Antragstellerin ausgeht und ob er den Sachverhalt etwa durch eigene Ermittlungen aufgeklärt hat, geht aus den veröffentlichten Entscheidungsgründen nicht hervor. Allerdings läßt er *tatsächliche und rechtliche* Zweifelsfragen ausdrücklich offen: deren Klärung solle einem Hauptsacheverfahren vorbehalten bleiben; zur Begründung dient ein Hinweis auf § 294 Abs. 2 ZPO[15]. Daß gemäß § 920 Abs. 2 ZPO der Anspruch insgesamt (und nicht nur die ihn begründenden tatsächlichen Behauptungen) glaubhaft zu machen ist, scheint für den Senat also ebensowenig ein Problem zu sein wie die Anwendbarkeit des § 294 Abs. 2 ZPO[16]. Aus beidem schließt er offensichtlich, bei tatsächlichen oder rechtlichen Zweifelsfragen könne eine einstweilige Anordnung nicht getroffen werden.

---

[10] OVG Lüneburg (Fn. 9), 961 — Hervorhebung nur hier —.

[11] Vgl. Fn. 6.

[12] OVG Hamburg NVwZ 1982, 448.

[13] HessVGH VerwRspr. 25, 1021 (1023, 1025) — insoweit wie OVG Lüneburg (Fn. 9, 10).

[14] OVG Hamburg (Fn. 12) — Studenten wollten die Antragsgegnerin, offensichtlich die Studentenschaft, vertreten durch den ASta, durch einstweilige Anordnung dazu anhalten, Aufrufe zu Vorlesungsstörungen zu unterlassen.

[15] VGH Baden-Württemberg DÖV 1981, 65 (66).

[16] § 294 Abs. 2 ZPO erwähnen auch OVG Münster NVwZ 1983, 236 und OVG Lüneburg DVBl. 1972, 958 (961); DVBl. 1981, 54 (55). Nähere Ausführungen fehlen auch hier.

Abweichend von den an das Zivilprozeßrecht erinnernden Formulierungen in den bisher genannten Entscheidungen fordert das OVG Bremen, daß der vom Antragsteller geltend gemachte Rechtsanspruch (hier auf Verkürzung der Sperrzeit für einen Gaststättenbetrieb) glaubhaft „sein" muß. Das sei dann nicht der Fall, wenn der Anspruch nicht „überwiegend wahrscheinlich" ist oder die Antragsgegnerin den Antrag auf Verkürzung der Sperrzeit nicht „überwiegend wahrscheinlich" ermessensfehlerhaft abgelehnt hat[17]. Für die Glaubhaftmachung kommt es also einerseits offenbar nicht notwendig auf den Vortrag des Antragstellers an. Mit der unpersönlichen Formulierung, daß der Anspruch glaubhaft „sein" — und eben nicht (vom Antragsteller) glaubhaft „gemacht sein" — muß, deutet der Senat nämlich schon auf der sprachlichen Ebene die Möglichkeit an, diese Einsicht auch durch eigene Ermittlungen zu gewinnen. Andererseits hält er den Anspruch dann für glaubhaft, wenn er überwiegend wahrscheinlich ist, und gibt damit einen — in den anderen Entscheidungen[18] nicht genannten — Maßstab für die im Eilverfahren notwendige Überzeugung an. Unter welchen Voraussetzungen eine solche „überwiegende Wahrscheinlichkeit" gegeben ist, sagt der Senat freilich nicht. Er legt insoweit aber vor allem seine *rechtlichen* Überlegungen dar[19], so daß aus der Entscheidung letztlich nicht hervorgeht, ob sie auch auf gerichtlicher Aufklärungstätigkeit beruht, während das OVG Hamburg[20] mit dem Maßstab der überwiegenden Wahrscheinlichkeit das *tatsächliche* Vorbringen des Antragstellers beurteilt[21].

Schon in diesen wenigen Entscheidungsbeispielen kommt also das ganze Spektrum möglicher Regelungsinhalte des § 920 Abs. 2 ZPO zum Ausdruck. Gleichwohl scheinen die Gerichte jeweils ihr Verständnis von „Glaubhaftmachung" als selbstverständlich anzusehen, denn sie verwenden auf die Auslegung der Vorschrift keine besondere Mühe und begründen auch ihre stillschweigend getroffene Wahl der Auslegungsvarianten nicht. Durch Wortwahl und Argumentation erwecken sie allerdings in ihrer Mehrheit den Eindruck, aus dem Erfordernis der Glaubhaftmachung folge (jedenfalls auch) eine Darlegungspflicht des Antragstellers. Das läßt darauf schließen, daß sie sich im Eilverfahren von ihrer Ermittlungspflicht gemäß § 86 Abs. 1 entbunden sehen.

---

[17] OVG Bremen VerwRspr. 27, 490 (491, 492).

[18] Siehe die oben Fn. 6 und 12 genannten Entscheidungen und zusätzlich noch BayVGH BayVBl. 1976, 273, wonach im Eilverfahren eine — nicht näher definierte — „summarische" Prüfung der Sach- und Rechtslage genügt.

[19] Wie VGH Baden-Württemberg DÖV 1981, 65 (66) — dazu oben im Text vor Fn. 15; ebenso und mit dem gleichen Maßstab OVG Lüneburg DVBl. 1981, 54 (55); hier legt der Senat seiner rechtlichen Argumentation das Vorbringen der Antragsgegnerin zugrunde.

[20] OVG Hamburg NVwZ 1982, 448.

[21] Ähnlich HessVGH DÖV 1974, 750 (751) für eine Prognose über erfolgreiche (vorläufige) Mitarbeit eines nicht versetzten Schülers in der nächsthöheren Klasse. OVG Lüneburg DVBl. 1972, 958 (961) bezieht jedenfalls die Glaubhaftmachung auf tatsächliche Umstände.

c) Die Rechtsprechung zum Anordnungsverfahren

Die angeführten Beispiele aus der Gerichtspraxis legen die Vermutung nahe, daß bei der Auslegung des § 920 Abs. 2 ZPO bestimmte Bedeutungsvarianten noch nicht von vornherein außer acht gelassen werden können. Insbesondere scheint die Geltung des § 86 Abs. 1 doch nicht so eindeutig außer Frage zu stehen, daß nur noch der Umfang der gerichtlichen Sachaufklärung zu bestimmen wäre. Eine umfassendere Auswertung der Rechtsprechung — zunächst zum Anordnungsverfahren —[22], deren Ergebnisse im folgenden dargestellt werden sollen, führt allerdings zu der Erkenntnis, daß die Gerichte die Bedeutung, die sie dem Begriff „Glaubhaftmachung" beimessen, mit der Formulierung ihrer Entscheidungsgründe oft mehr verdecken als offenlegen. Gleichwohl wird sich der schon aus den beispielhaft dargestellten Entscheidungen gewonnene vorläufige Eindruck zumindest insofern bestätigen lassen, als von Klarheit über den Vorgang der Sachverhaltsfeststellung im Anordnungsverfahren keine Rede sein kann.

Die von den Gerichten vertretenen Meinungen lassen sich folgendermaßen zusammenfassen:

aa) Einerseits soll, um das Vorliegen der in § 123 Abs. 1 vorgesehenen Voraussetzungen bejahen zu können, ein geringerer Erkenntnisgrad als im Hauptsacheverfahren ausreichen[23]. Das bringen die Gerichte manchmal ganz abstrakt zum Ausdruck[24]. In anderen Fällen umschreiben sie den Unterschied mit dem Begriff der „summarischen" Prüfung, den sie nicht erläutern[25] und der zunächst nur soviel bedeutet, daß tatsächliche Behauptungen[26] oder die Rechtslage[27] oder sowohl Sach- als auch Rechtslage[28] nicht sorgfältig und endgültig, sondern eben nur kursorisch und vorläufig beurteilt werden.

---

[22] Das ausgewertete Material — in den Zeitschriften DÖV, DVBl. und NVwZ des Jahrgangs 1984 veröffentlichte sowie durch Nachweise im Schrifttum erschlossene Entscheidungen — ist willkürlich bestimmt; der Anspruch, ein repräsentatives Bild zu zeigen, kann daher nicht erhoben werden.

[23] Vgl. oben Kapitel I 3 a aa.

[24] So beispielhaft nochmals OVG Münster NJW 1982, 2517 = DÖV 1983, 38: Glaubhaftmachung offenbar im Unterschied zum vollen Beweis; OVGE 16, 238 (242).

[25] HessVGH ESVGH 26, 196 (200) konkretisiert allerdings: Die Prüfung muß zu dem Ergebnis führen, daß die Anordnungsvoraussetzungen mit überwiegender Wahrscheinlichkeit gegeben sind.

[26] So offenbar VGH Baden-Württemberg ESVGH 26, 210 (213ff.).

[27] So VGH Baden-Württemberg NVwZ 1984, 193; BayVGH BayVBl. 1975, 144; offenbar auch NJW 1984, 2784; OVG Lüneburg OVGE 20, 471; OVG Münster OVGE 28, 55 (57).

[28] So HessVGH ESVGH 26, 196 (198); 34, 63 (64 — „gegenwärtige" Sach- und Rechtslage); 164 (168); DÖV 1984, 119 (120); NJW 1985, 1103 und wohl auch OVG Münster NVwZ 1985, 590. Nicht ganz eindeutig OVG Rheinland-Pfalz GewArch 1978, 289, das für die einstweilige Anordnung gem. § 123 Abs. 1 S. 1 die volle Prüfung des geltend gemachten Rechts fordert, eine Anordnung aber (schon) dann nicht treffen will,

Demgegenüber müssen anderen Senaten die Anordnungsvoraussetzungen als überwiegend wahrscheinlich erscheinen. Ist damit zumindest ein — wenn auch selbst noch auslegungsbedürftiger — Maßstab für den erforderlichen Überzeugungsgrad genannt, so stellt sich auch hier die Unsicherheit ein, ob er für die tatsächlichen Behauptungen des Antragstellers gilt[29] oder für den Anordnungsanspruch, also auch für die rechtliche Prüfung. Letzterenfalls erlassen die Gerichte eine einstweilige Anordnung, wenn eine überwiegende Wahrscheinlichkeit dafür besteht, daß der Antragsteller einen Anspruch hat[30] oder wenn das Gericht der Auffassung ist, daß dem Antragsteller mit einem „ausreichenden Grad von Wahrscheinlichkeit" ein Recht „zustehen kann"[31].

bb) Andererseits verlangen die Senate oft eine Glaubhaftmachung der Anordnungsvoraussetzungen vom Antragsteller. Dann sehen sie in § 920 Abs. 2 ZPO offenbar die Anordnung einer — durch die beschriebene Reduktion der Erkenntnisanforderungen allerdings gleichzeitig wieder entschärften — Darlegungs- und Beweisführungspflicht[32]. Jedenfalls die entsprechende Formulierung der Entscheidungsgründe — „Der Antragsteller hat (nicht) glaubhaft gemacht" oder „Der Antragsteller hat (nicht) dargetan" — legt die Annahme nahe, daß die Gerichte hier nicht nach dem Untersuchungsgrundsatz verfahren[33].

Gleichwohl wäre es voreilig, daraus den Schluß zu ziehen, sie sähen im Eilverfahren § 86 Abs. 1 durch § 920 Abs. 2 ZPO verdrängt. Denn allein die verbale Betonung einer Pflicht des Antragstellers, die Anordnungsvoraussetzungen glaubhaft zu machen, zwingt noch nicht zu der Folgerung, die Gerichte hielten Ermittlungen ihrerseits für schlechterdings ausgeschlossen. Eine nähere Analyse der Entscheidungsgründe führt vielmehr zu folgenden Ergebnissen:

---

wenn eine „summarische" Prüfung erkennen läßt, daß dieses Recht nicht besteht, und so auch verfährt (290).

[29] So OVG Lüneburg DVBl. 1983, 814 (815) und die schon oben Fn. 20, 21 genannten Entscheidungen. OVG Lüneburg DVBl. 1984, 572 fordert eine „hohe" Wahrscheinlichkeit für eine tatsächliche Voraussetzung des Anspruchs.

[30] So ausdrücklich VGH Baden-Württemberg ESVGH 18, 31 (33; für den Anordnungsgrund S. 37); vgl. auch ESVGH 27, 45 (47, 50).

[31] HessVGH DÖV 1964, 783 (784, 785); BayVGH NJW 1984, 2784.

[32] Vgl. oben Kapitel I 3 a; so auch VGH Baden-Württemberg ESVGH 26, 210 (211, 213); OVG Lüneburg DVBl. 1983, 814 (815); OVG Münster NVwZ 1984, 458; OVG Rheinland-Pfalz GewArch 1978, 289.

[33] VGH Baden-Württemberg ESVGH 26, 210 (211); DÖV 1984, 257; 816, (817); DVBl. 1984, 275; 276; NVwZ 1984, 254; BayVGH BayVBl. 1980, 85 (86); NJW 1985, 758f.; HessVGH ESVGH 21, 97 (99); 26, 196 (197); 34, 63 (64); 87 (88); 164; NVwZ 1984, 194; 257; 258; OVG Hamburg NVwZ 1984, 259 (260); OVG Lüneburg DVBl. 1984, 881; OVGE 20, 471; 29, 444 (447); DVBl. 1983, 814f.; NJW 1985, 2347 (2348); OVG Münster OVGE 16, 238 (244, 246); NVwZ 1984, 665; OVG Rheinland-Pfalz GewArch 1978, 289 — für einstweilige Anordnungen gemäß § 123 Abs. 1 S. 1. Passivisch formulieren BayVGH N.F. Bd. 30, Nr. 15 — S. 57 (58, 59): Der Anspruch „ist" nicht glaubhaft gemacht — genauso HessVGH DVBl. 1984, 279; ESVGH 34, 168 (169) — und OVG Münster NVwZ 1985, 590: Anordnungsanspruch und -grund „sind" glaubhaft gemacht.

(1) Entweder stellen die Senate — ungeachtet der jeweils üblichen Eingangsformel, der Antragsteller habe die Anordnungsvoraussetzungen (nicht) glaubhaft gemacht — nur die rechtlichen Überlegungen dar, aufgrund deren sie ihre Entscheidung getroffen haben, führen jedoch nicht näher aus, wie sie ihre Erkenntnisse über die ihnen zugrundeliegenden tatsächlichen Verhältnisse gewonnen haben[34]. Oder sie lassen jedenfalls nicht erkennen, ob die Entscheidung auf Ermittlungen des Gerichts beruht[35]. Für die Beantwortung der Frage, wer im Eilverfahren den entscheidungserheblichen Tatsachenstoff zu beschaffen hat, ist diesen Entscheidungen infolgedessen nichts zu entnehmen — über Geltung und Anwendung des § 86 Abs. 1 sagen sie erst recht nichts aus.

(2) Oder es ist für die Gerichte selbstverständlich, bei der Zusammenstellung des Tatsachenmaterials neben dem Vortrag des Antragstellers die Erwiderung des Antragsgegners zu berücksichtigen und darüber hinaus auch die einschlägigen Behördenakten beizuziehen[36]. Das scheint aber schon zur „Erforschung" des Sachverhalts gemäß § 86 Abs. 1 zu gehören und geht über die im zivilprozessualen Eilverfahren zulässige Sachverhaltsfeststellung hinaus[37]. Gemeinsam ist diesen Entscheidungen somit, daß die Geltung des Untersuchungsgrundsatzes auch im Eilverfahren offenbar vorausgesetzt wird. Das wird aber nicht näher begründet, und auch mit § 920 Abs. 2 ZPO und seinen möglichen

---

[34] VGH Baden-Württemberg DÖV 1984, 257; DVBl. 1984, 275; 276; BayVGH BayVBl. 1980, 85 (86); im Schwerpunkt auch NJW 1985, 758; OVG Hamburg NVwZ 1984, 259 (allerdings geht aus den Entscheidungsgründen hervor, daß Urkunden als Beweismittel zur Verfügung standen); HessVGH ESVGH 34, 87 (89f.); 164; 168; NVwZ 1984, 194; 257; DVBl. 1984, 279; OVG Lüneburg DVBl. 1974, 881; OVG Münster NVwZ 1984, 665 (666).

Ausschließlich rechtliche Erwägungen (ohne den Begriff Glaubhaftmachung zu verwenden und ohne Bezug zu § 920 Abs. 2 ZPO) stellen dar: BVerwGE 50, 124 (132ff.); 63, 110; BayVGH NVwZ 1984, 254; OVG Bremen DÖV 1984, 28; HessVGH NVwZ 1984, 54 = DÖV 1984, 30; OVG Lüneburg NVwZ 1984, 674; DVBl. 1984, 280; OVG Saarland NVwZ 1984, 56.

[35] Zum Beispiel OVG Rheinland-Pfalz GewArch 1978, 289 (290).

[36] So ausdrücklich HessVGH ESVGH 21, 97 (99); NJW 1984, 2305 (2306) — Vortrag der Beteiligten, Akteninhalt, insbesondere eidesstattliche Versicherung eines Unbeteiligten; offenbar auch NVwZ 1984, 258 — die Formulierung, daß anderweitige Anhaltspunkte nicht gegeben waren, spricht dafür, daß der Senat Ermittlungen angestellt hätte; nach ESVGH 34, 63 gilt § 86 Abs. 1 auch im Eilverfahren; VGH Baden-Württemberg ESVGH 26, 210 (213ff.); DÖV 1984, 816 (817); NVwZ 1984, 193 — hier hat der Senat dem Vortrag des Antragstellers entgegenstehende Gesichtspunkte geprüft und die Stellungnahme eines Bundesministers berücksichtigt; 254 (255 — Sachverhaltsfeststellung durch Telefonauskunft); ähnlich OVG Lüneburg NJW 1985, 2347 (2348ff.), das umfangreiches, nicht nur von der Antragstellerin vorgetragenes Tatsachenmaterial auswertet. OVG Lüneburg DVBl. 1983, 814 (815) vermißt neben Darlegungen der Antragsteller zum Anordnungsgrund auch „sonst" ersichtliche Umstände. Ähnlich BayVGH N.F. 30, Nr. 15 — S. 57 (59): weder sei der Vortrag des Antragstellers hinreichend noch seien sonstige Anhaltspunkte für die tatsächlichen Voraussetzungen des Anordnungsgrundes gegeben; der VGH wertete offenbar auch die Behördenakten aus. Solche Formulierungen verwendet auch das BVerwG; dazu beispielhaft Buchholz 402.24 § 2 AuslG Nr. 57.

[37] Baumbach/Lauterbach, § 920 Erl. 2 A; § 294 Erl. 4; Thomas/Putzo, § 294 Erl. 1.

Bedeutungen setzen sich die Senate nicht weiter auseinander, sondern legen die Vorschrift anscheinend beliebig aus.

Abweichend davon hat der Hessische VGH in einer Entscheidung über die vorläufige Zulassung des Antragstellers zum Studium der Medizin einerseits ausdrücklich auf die Geltung des § 86 Abs. 1 im Eilverfahren hingewiesen[38], andererseits aber gleichwohl den Antragsteller für verpflichtet gehalten, „seinen Anspruch gemäß § 123 Abs. 3 VwGO in Verbindung mit den §§ 294 Abs. 2 und 920 Abs. 2 ZPO durch präsente Beweismittel glaubhaft zu machen"[39]. In diese Gemengelage von Normen sich gegenseitig scheinbar ausschließender Bedeutung bringt der Senat folgendermaßen Ordnung: Nur weil um den „komplexen" Gegenstand der — schwer zu beurteilenden und vom Antragsteller ohnehin kaum zu berechnenden — Ausbildungskapazität einer Hochschule gestritten wurde, hat der Senat „seine ihm kraft der Amtsermittlungsmaxime an die Hand gegebenen Möglichkeiten zugunsten des Antragstellers auch in einem Eilverfahren alsbald eingesetzt" und von Amts wegen Beweis erhoben, diese Beweisaufnahme aber — so der Senat — den zeitlichen Erfordernissen des Eilverfahrens angepaßt und nur mit dem Ziel durchgeführt, die „notwendige" Wahrscheinlichkeit der Behauptungen des Antragstellers und der Voraussetzungen des Zulassungsanspruchs festzustellen[40].

Nach Ansicht des Senats schließen sich also Untersuchungsgrundsatz einerseits, Glaubhaftmachung durch den Antragsteller andererseits nicht aus. Die gerichtliche Ermittlungspflicht, jedenfalls aber die Intensität der Ermittlungen hängt jedoch offenbar von den Umständen des Einzelfalls und insoweit von der Überschaubarkeit der jeweiligen Sach- und/oder Rechtslage ab — Kurzformel: je schwieriger der Nachweis, desto mehr muß das Gericht ermitteln. Widerspruchsfrei ist freilich auch diese Lösung nicht: Der ohne Begründung befürworteten Anwendung des § 294 Abs. 2 ZPO[41] entspricht die Beweisaufnahme über einen Zeitraum von mehreren Monaten gerade nicht, und auch eine den Erfordernissen des Eilverfahrens gerecht werdende zeitliche Begrenzung ist dem Senat nicht gelungen — er traf seine Entscheidung erst am Ende des Semesters, zu dessen Veranstaltungen der Antragsteller hatte zugelassen werden wollen. Der Grundsatz, von einer Glaubhaftmachungspflicht des Antragstellers auszugehen und erst bei schwieriger Fallgestaltung von Amts wegen zu ermitteln, kann gleichwohl ein Merkposten für die Sachverhaltsfeststellung im Eilverfahren sein.

(3) Die Zahl derjenigen Beschlüsse, denen die Annahme einer durch § 920 Abs. 2 ZPO begründeten echten Darlegungs*last* des Antragstellers zugrunde-

---

[38] HessVGH ESVGH 26, 196 (199): das Gericht müsse den Sachverhalt aufklären, soweit dies ohne Zeitverlust möglich sei.

[39] HessVGH (Fn. 38), 200 (— unter Hinweis auf Eyermann / Fröhler, 6. Aufl. 1974, Rn. 17 zu § 123, die allerdings auf § 294 ZPO nur pauschal Bezug nehmen).

[40] HessVGH (Fn. 38), 200, 201 ff., insbesondere 203, 208.

[41] HessVGH (Fn. 38), 200.

liegt, ist also erheblich geringer, als die Formulierungen der Entscheidungsgründe vermuten lassen. Nur in wenigen Fällen wird wirklich der Erlaß einer einstweiligen Anordnung verweigert, weil der Antragsteller ihre Voraussetzungen nicht glaubhaft gemacht hat[42]. Regelmäßig bleibt aber offen, wie die Senate zu dieser Einschätzung haben gelangen können oder, anders herum, unter welchen Voraussetzungen sie den Anspruch für glaubhaft gehalten hätten. Auch daß § 86 Abs. 1 nicht gilt, ist für sie offenbar selbstverständlich und keiner Begründung wert.

Zwei weitere Beschlüsse beruhen ebenfalls auf der Auffassung, im Eilverfahren dürfe der Sachverhalt nicht wie im normalen Verfahren aufgeklärt werden.

Im einen Fall führte die Tatsache, daß der Antragsteller für eine Glaubhaftmachung zu wenig vorgetragen hatte, zur Verneinung des Anordnungsgrunds[43], im anderen zu einem anderen Entscheidungsmaßstab: der Senat sah sich daran gehindert, den im Hauptsacheverfahren anzustellenden Ermittlungen vorzugreifen, und aus diesem Grund zu einer Interessenabwägung veranlaßt[44]. Beide Male sahen sich die Gerichte von ihrer Ermittlungspflicht gemäß § 86 Abs.1 grundsätzlich entbunden und interpretierten § 920 Abs. 2 ZPO jedenfalls auch dahingehend, daß eine Beweisaufnahme im Eilverfahren nur zulässig sei, wenn sie sofort erfolgen kann. Das entspricht der Anwendung des § 294 Abs. 2 ZPO — und bürdet dem Antragsteller die Pflicht auf, diese Beweisaufnahme zu ermöglichen, um seinen Antrag nicht umsonst gestellt zu haben.

d) Die Rechtsprechung zum Aussetzungsverfahren

In der Rechtsprechung zum Aussetzungsverfahren ist angesichts der Selbstverständlichkeit, mit der in der Literatur eine Glaubhaftmachung entscheidungserheblicher Tatsachenbehauptungen auch als Voraussetzung der Anordnung oder Wiederherstellung der aufschiebenden Wirkung eines Rechtsbehelfs angesehen wird[45], erstaunlich selten davon oder von „glaubhaftem Vortrag" (und schon gar nicht von § 920 Abs. 2 ZPO) die Rede[46]; auch läßt sich nur

---

[42] So eindeutig OVG Lüneburg OVGE 29, 444 (447); OVG Münster NVwZ 1984, 458 (jedenfalls soweit es um interne Vorgänge aus dem Bereich des Antragstellers geht); NJW 1985, 2350; offenbar auch BayVGH NJW 1985, 758 (759) — nachdem der Senat vorher schwerpunktartig rechtliche Erörterungen dargestellt hat; OVG Saarland DÖV 1965, 637 — der Senat setzt sich jedenfalls in dem veröffentlichten Teil der Entscheidungsgründe nur mit dem Vorbringen des Antragstellers auseinander, hat also nichts zusätzlich ermittelt.

[43] So HessVGH ESVGH 12, 97 (99) mit der Begründung, daß nicht sicher beurteilt werden könne, ob sich die begehrte einstweilige Anordnung nicht auch schädlich für den Antragsteller auswirken werde.

[44] OVG Münster OVGE 19, 81 (83).

[45] Nachweise oben Kapitel I 1 b (Fn. 5).

[46] Soweit ersichtlich, forderte nur der Württemberg-Badische VGH ESVGH 6, 171 (172) für das Verfahren gem. § 51 VGG ausdrücklich eine Glaubhaftmachung der die Grundlage der Interessenabwägung bildenden Tatsachenbehauptungen (auch des Antragsgegners!), ohne allerdings § 920 Abs. 2 ZPO zu erwähnen. Auf Glaubhaftigkeit

wenigen Entscheidungen entnehmen, daß die Gerichte einen ähnlichen Erkenntnismaßstab anlegen wie im Anordnungsverfahren[47]. Weit überwiegend wird vielmehr eine nur „summarische" (tatsächliche) Prüfung als Voraussetzung einerseits der Beurteilung der offensichtlichen Rechtmäßigkeit oder Rechtswidrigkeit des angefochtenen Verwaltungsakts, andererseits im Rahmen der Abwägung der betroffenen Interessen für notwendig, aber auch ausreichend erachtet. In diese Prüfung beziehen die Gerichte — zum Teil während einer mündlichen Verhandlung — insbesondere die Behördenakten, aber — soweit es vorliegt — auch sonstiges Material ein, welches das Vorbringen der Beteiligten stützt oder ergänzt — etwa von den Beteiligten vorgelegte Gutachten —, und berücksichtigen jedenfalls gerichtsbekannte Tatsachen. Des „summarischen" Charakters des Verfahrens wegen sehen sie sich allerdings an weiteren Ermittlungen oder Beweiserhebungen gehindert[48].

Andere Senate stehen Beweiserhebungen von Amts wegen offenbar schon grundsätzlich aufgeschlossener gegenüber, passen aber ebenfalls den Umfang der gerichtlichen Aufklärungstätigkeit den Erfordernissen wirksamen vorläufigen Rechtsschutzes an[49]. Nur in besonderen Fallkonstellationen wird ausnahmsweise eine echte Darlegungslast des Antragstellers für Tatsachen angenommen, die ein Überwiegen seines Interesses an der aufschiebenden Wirkung rechtfertigen können[50]. Diese Grundsätze werden zuweilen nicht ganz konsequent verfolgt[51] und für bestimmte Fallgruppen modifiziert. Insbesondere in Verfahren gegen technische Großprojekte liegt der von manchen Gerichten für notwendig gehaltenen intensiveren rechtlichen Beurteilung eine ähnlich erwei-

kommt es VGH Baden-Württemberg ESVGH 24, 147 (149), beiläufig auch DVBl. 1976, 538 (547), und OVG Hamburg DVBl. 1975, 207 (212, 213) an.

[47] — nämlich eine „hohe" oder „erhebliche" Wahrscheinlichkeit; so beispielhaft BayVGH BayVBl. 1976, 368; WiVerw 1980, 238 (240); OVG Lüneburg DVBl. 1975, 190 (194). Zum Erkenntnisgegenstand sogleich im Text.

[48] BVerwGE 63, 210 (213); BVerwG Buchholz 310 § 80 VwGO Nr. 29; VGH Baden-Württemberg ESVGH 24, 147 (148f., 150, 154); DVBl. 1971, 825 (826); DVBl. 1976, 538 (542f., 546); BayVGH WiVerw 1980, 238 (240f.); NVwZ 1984, 455; OVG Bremen NVwZ 1984, 58f.; OVG Hamburg DVBl. 1975, 207 (208, 213); NVwZ 1984, 256; OVG Rheinland-Pfalz DVBl. 1984, 1134 (1136) = NJW 1986, 1004 (für Fälle gemäß § 80 Abs. 2 Nr. 1; 4 S. 3; 5); VG Bayreuth BayVBl. 1973, 591 (592); VG Hannover DVBl. 1961, 47 (48). Offensichtlich ebenfalls ohne eingehende tatsächliche Prüfung HessVGH DÖV 1984, 521; OVG Münster NVwZ 1984, 251 (252); OVG Saarland DÖV 1984, 472.

[49] So BayVGH BayVBl. 1983, 23 (24); OVG Bremen DVBl. 1984, 1181 (1182f.); OVG Hamburg KStZ 1983, 78 (Fall gemäß § 80 Abs. 2 Nr. 1); OVG Münster GewArch 1963, 83; DÖV 1984, 892; offenbar auch VG Freiburg DÖV 1975, 611 (612).

[50] Etwa wenn die Behörde als Antragsgegnerin sich auf zwei bereits zu ihren Gunsten ergangene Gerichtsentscheidungen beruft; so BVerwG Buchholz 310 § 80 VwGO Nr. 21, 25; DVBl. 1974, 566 = NJW 1974, 1294 (1295).

[51] So stützte etwa der BayVGH (DVBl. 1975, 199), nachdem er eine Auseinandersetzung mit den von den Beteiligten vorgelegten Gutachten und eine weitere Beweisaufnahme für unzulässig gehalten hatte (202, 204), seine Entscheidung auf ein weiteres Gutachten (205f., 207); in den Entscheidungsgründen bleibt aber offen, wie und von wem dieses Gutachten in den Prozeß eingeführt wurde.

terte tatsächliche Prüfung zugrunde, sofern der Antragsteller die Gefahr irreparabler Nachteile schlüssig dargelegt hat. Sie kann sogar eine Beweisaufnahme erfassen, soll aber gleichwohl nicht zu einer endgültigen Klärung führen[52]. Ausgangspunkt der Gerichtspraxis ist aber offensichtlich durchweg die Annahme, der Untersuchungsgrundsatz sei selbstverständlich auch im Aussetzungsverfahren zu beachten.

e) Folgerungen und Zwischenergebnis

Ist die Rechtsprechung zum Verfahren gemäß § 80 Abs. 5 für die Auslegung des § 920 Abs. 2 ZPO auch nicht ergiebig, so zeigen sich, was die Ermittlungstätigkeit des Gerichts betrifft, doch Parallelen zum Verfahren gemäß § 123. Zwar wird für das Aussetzungsverfahren kaum einmal die Pflicht des Antragstellers betont, Tatsachen vorzutragen und zu beweisen; faktisch bedeutet die Formulierung einer solchen Pflicht jedoch auch im Anordnungsverfahren noch nicht, daß die Senate ihre Entscheidungen nur auf der Grundlage des vom Antragsteller beigebrachten Tatsachen- und Beweismaterials treffen[53]. In beiden Verfahren lehnen die Gerichte jeweils nur in Einzelfällen — im Anordnungsverfahren freilich öfter als im Verfahren gemäß § 80 Abs. 5 — Ermittlungen ihrerseits überhaupt ausdrücklich ab. Im übrigen lassen sie ihre der Zusammenstellung des Sachverhalts dienende Tätigkeit aber nicht ausufern. Das begründen sie im Aussetzungsverfahren meist mit dem Eilcharakter, im Anordnungsverfahren eher mit dem Hinweis auf § 920 Abs. 2 ZPO, dessen mögliche Bedeutungen sie in unterschiedlicher Kombination ohne nähere Begründung vertreten.

Auf die Formulierung der Entscheidungsgründe im Anordnungsverfahren wirkt sich das zuweilen etwas merkwürdig aus: Betonen die Senate einerseits die Pflicht des Antragstellers, Anordnungsanspruch und Anordnungsgrund glaubhaft zu machen, während sie andererseits Ermittlungen ihrerseits nicht für unzulässig halten[54], führt das nahezu zwangsläufig zu dem sprachlich unschönen und inhaltlich widersprüchlichen Ergebnis, „die gerichtliche Ermittlung von Amts wegen“ habe „keine Glaubhaftmachung (!) des Anspruchs des Antragstellers ergeben“[55]. Oder die Entscheidungsgründe geben nur die rechtlichen

[52] So insbesondere OVG Lüneburg DVBl. 1961, 520 (522); DVBl. 1974, 366; DVBl. 1975, 190 (193ff.); DVBl. 1977, 347 (349, 350, 351); OVG Münster OVGE 29, 113 (116f.) und offensichtlich auch OVG Saarland AS 12, 420 (421). Vgl. auch BayVGH BayVBl. 1981, 401 (402f.). Dazu (kritisch) im einzelnen Limberger, 158ff. (insbesondere 167ff.), und Ule, GewArch 1978, 73ff.; befürwortend demgegenüber Martens, Suspensiveffekt, 28ff. (zur Sachprüfung). Das BVerfG hat dies in zwei neueren Entscheidungen aufgegriffen, vgl. BVerfGE 67, 43 (62); 69, 315 (363f.), andererseits aber GewArch 1985, 16 (17). Dazu näher unten 2. Abschnitt, Kapitel II 3.

[53] Siehe oben c bb (2).

[54] Das ist in den meisten Fällen allerdings nur aus der Formulierung zu schließen, (tatsächliche) Anhaltspunkte für eine andere rechtliche Beurteilung seien weder vorgetragen noch sonst ersichtlich; vgl. beispielhaft nochmals die in Fn. 36 angeführten Entscheidungen.

[55] HessVGH ESVGH 26, 196 (201).

Überlegungen des Senats wieder, die aber mit der vorher formulierten Pflicht des Antragstellers nichts zu tun haben und aus denen sich auch nicht erkennen läßt, ob der Antragsteller seine Pflicht erfüllt hat.

Warum die Gerichte gleichwohl so gern verbal darauf bestehen, der Antragsteller habe die Entscheidungsvoraussetzungen glaubhaft zu machen, läßt sich nur erschließen:

(1) Möglicherweise wollen sie ihre Entscheidungsgründe nur mit der Feststellung einleiten, daß die Voraussetzungen für den Erlaß einer einstweiligen Anordnung (nicht) gegeben sind, und wiederholen zu diesem Zweck einfach zunächst den Gesetzeswortlaut. Das mag bei Normen des materiellen Rechts noch sinnvoll sein, sollte bei der Anwendung des § 920 Abs. 2 ZPO aber jedenfalls dann unterbleiben, wenn es nach Ansicht des Gerichts auf eine Glaubhaftmachung durch den Antragsteller allein nicht ankommt.

(2) Möglicherweise wollen die Gerichte, wenn sie auf das Fehlen von Anhaltspunkten für Ermittlungen hinweisen, aber auch gar nichts über die Geltung des Untersuchungsgrundsatzes aussagen. Da sie die Zulässigkeit eigener Ermittlungen immer dann auf diese Weise andeuten oder zumindest offenhalten, wenn solche Aufklärungstätigkeit mangels entsprechender Anhaltspunkte eindeutig nicht in Frage kommt, könnte vermutet werden, daß sie in tatsächlich oder rechtlich schwierigen Fällen ihre Entscheidung doch wieder ausschließlich damit begründen würden, der Antragsteller habe die Voraussetzungen gemäß § 123 Abs. 1 nicht glaubhaft gemacht[56]. Dann mag die Floskel von den sonst nicht ersichtlichen Anhaltspunkten dazu dienen, der Entscheidung über den Eilantrag mehr Nachdruck zu verleihen und/oder den Antragsteller vor der Durchführung eines Verfahrens in der Hauptsache zu warnen — aus ihrer Verwendung kann unter diesen Umständen aber nicht zugleich auch gefolgert werden, daß die Gerichte sich an § 86 Abs. 1 gebunden sehen.

Als Zwischenergebnis kann festgehalten werden: Die Frage, welche Regeln § 920 Abs. 2 ZPO für die Zusammenstellung der Tatsachengrundlage einer Entscheidung im verwaltungsgerichtlichen Eilverfahren aufstellt, wird von der Rechtsprechung nicht eindeutig beantwortet. Eine Antwort auf diese Frage zu finden ist also auch durch die Übersicht über die Anwendung des § 920 Abs. 2 ZPO in der Praxis noch nicht einfacher geworden. Die Auslegung der Vorschrift durch die Gerichte umfaßt das ganze Spektrum ihrer möglichen Bedeutung; die Ermittlungspflicht des Gerichts gemäß § 86 Abs. 1 wird in beiden Eilverfahren oft unterstellt, manchmal stillschweigend und manchmal unter Hinweis auf § 920 Abs. 2 ZPO ausdrücklich verneint; Begründungen fehlen weitgehend. Da die Gerichte Mängel des Tatsachenvortrags des Antragstellers — scheinbar willkürlich — zum Anlaß entweder eigener Nachforschungen oder aber schon einer ablehnenden Entscheidung nehmen, scheint die Effektivität einstweiligen

[56] Die Entscheidung des HessVGH (Fn. 55) ist, soweit ersichtlich, insoweit ein Ausnahmefall und kann nicht verallgemeinert — und gegen diesen Erklärungsversuch angeführt — werden.

Rechtsschutzes von der Zuständigkeit des Gerichts und der Geschäftsverteilung innerhalb des Gerichts und damit letztlich vom Zufall abzuhängen.

2. Die Auslegung des § 920 Abs. 2 ZPO im Schrifttum zum Verwaltungsprozeß

Auch die in der wissenschaftlichen Literatur vertretenen Auffassungen über die Bedeutung des § 920 Abs. 2 ZPO können in gleicher Weise wie diejenigen der Gerichte grob systematisiert werden: Einerseits soll das Erfordernis der Glaubhaftmachung die Anforderungen an die richterliche Erkenntnis im Eilverfahren bestimmen (a), andererseits soll es die Zusammenstellung der tatsächlichen Entscheidungsgrundlage betreffen (b).

a) Verringerung der Erkenntnisanforderungen

Wenn zu den hier untersuchten Fragen überhaupt eine Auffassung als überwiegend bezeichnet werden kann, dann jedenfalls diejenige, derzufolge wegen § 920 Abs. 2 ZPO im Eilverfahren an den Beweis einer tatsächlichen Behauptung geringere Anforderungen zu stellen sind als sonst im Verfahren vor dem Verwaltungsgericht. Denn im Unterschied zu der auch insoweit vieldeutigen Entscheidungspraxis der Gerichte[1] wird im Schrifttum nahezu einhellig betont, daß das Erfordernis der Glaubhaftmachung (nur) für die *Tatsachen* gelte, aufgrund deren die gesetzlichen Voraussetzungen einer Eilmaßnahme als erfüllt angesehen werden können. Unterschiedlich ist nur die Bezeichnung des erforderlichen Erkenntnisgrads. Die Palette reicht von einem „minderen Grad von Überzeugung“[2] oder dem Begriff der „summarischen Beurteilung" oder „Prüfung“[3] über eine lateinische Umschreibung[4] bis zur einfachen[5] oder „gewissen“ Wahrscheinlichkeit[6] und der zumeist geforderten „überwiegenden“ Wahrscheinlichkeit[7]. Manchmal wird dabei allerdings nicht präzise genug

[1] Vgl. oben 1 c aa.

[2] Tietgen, DVBl. 1956, 683 (zum Begriff allgemein).

[3] Martens, 209 (für das Eilverfahren allgemein), 214 (für die Entscheidung gemäß § 80 Abs. 5).

[4] Baur, Studien, 41, 42: „semiplena probatio“. Den Begriff übernimmt Jakobs, VBlBW 1984, 129 (134).

[5] Grunsky, JuS 1976, 277 (280 m. Fn. 27; 281) für die ZPO; JuS 1977, 217 (221) für die VwGO; Plagemann, Rn. 264 (für die Anwendung des § 123 VwGO im Sozialgerichtsverfahren).

[6] Ule, Verwaltungsprozeßrecht, § 67 IV 1 i. V. m. § 49 III 2.

[7] Z. B. Erichsen, Jura 1984, 644 (650); Eyermann/Fröhler, § 86 Rn. 13; Finkelnburg/*Jank*, Rn. 294; Koehler, § 123 Erl. IV 2 (unter Hinweis auf Baumbach/Lauterbach); Kopp, VwGO, § 80 Rn. 91, § 123 Rn. 23; Marx, 197; Pietzner/Ronellenfitsch, § 49 Rn. 5; Quaritsch, VerwArch 51 (1960), 342 (368); Rabeneck, 56; Redeker/von Oertzen, § 123 Anm. 18 (vgl. aber sogleich im Text); Tietgen, Gutachten, 34f., 81ff.; offenbar auch Bauer, ZfSH/SGB 1984, 445 (447) und Berg, 22, 116, der aber

formuliert und dadurch der Eindruck erweckt, die Glaubhaftmachung beziehe sich auch auf Rechtsfragen; das ist zumindest mißverständlich[8] und nur selten so gemeint[9]. Fordert man allerdings in Rechtsfragen die volle Überzeugung des Gerichts, läßt also „Glaubhaftmachung“ insoweit nicht genügen, muß man andererseits auch mehr verlangen als eine „summarische“ Schlüssigkeitsprüfung[10].

b) Die Bedeutung des § 920 Abs. 2 ZPO für die Zusammenstellung des Sachverhalts

Die Einmütigkeit endet bei der Bestimmung der weiteren Konsequenzen, die sich aus der Geltung des § 920 Abs. 2 ZPO im verwaltungsgerichtlichen Eilverfahren ergeben sollen.

aa) Viele Autoren halten den Antragsteller für verpflichtet, die entscheidungserheblichen Tatsachen oder das zu sichernde Recht darzulegen und glaubhaft zu machen. Sie präzisieren dies jedoch nicht weiter und befassen sich auch nicht mit der Frage, was geschehen soll, wenn der Antragsteller dieser Pflicht nicht nachkommt[11]. Allein aus solchen Formulierungen zu folgern, im

---

den maßgeblichen „Wahrscheinlichkeitsgrad“ für noch nicht geklärt hält. Insoweit zum zivilprozeßrechtlichen Schrifttum Leipold, 22f. mit Fn. 23, und aus neuerer Zeit Hirtz, NJW 1986, 110 (111).

Eine Sondermeinung vertritt Leipold, der zwischen einer „offenen“, auf einer Interessenabwägung beruhenden Eilmaßnahme und einer an der Rechtslage orientierten, daher „materiell-akzessorischen“ Maßnahme unterscheidet (grundsätzlich 93ff., für den Verwaltungsprozeß 187ff. (192ff.), 207ff. (210) — ohne etwaige Modifikationen aufgrund § 86 Abs. 1); während für die erste Form nur der Bestand des geltend gemachten Rechts möglich, nicht aber überwiegend wahrscheinlich sein muß (96), reicht für die zweite Form eine Glaubhaftmachung von Tatsachen nicht aus; das Gericht muß von ihrer Wahrheit aufgrund präsenter Beweismittel überzeugt sein (97f.).

[8] So z.B. bei Redeker/von Oertzen, die einerseits (§ 123 Anm. 7, 12) Glaubhaftmachung der tatsächlichen und rechtlichen Voraussetzungen (in Anm. 48 zu § 80 demgegenüber nur der streitigen Tatsachen) fordern, andererseits (§ 123 Anm. 18) betonen, daß Rechtsfragen entschieden werden müssen, und nur in schwierigen Fällen auch insoweit Glaubhaftmachung für „denkbar“ halten. Kopp, VwGO, § 80 Rn. 90, § 123 Rn. 19 will eine summarische Prüfung der Sach- und Rechtslage; vgl. demgegenüber die Angaben in Fn. 7 und noch § 123 Rn. 24. So offenbar auch Schunck/De Clerck, § 123 Erl. 4 b. Nicht ganz eindeutig Quaritsch (Fn. 7).

[9] So z.B. offenbar von Bickel, DÖV 1983, 49 (52); Rabeneck, 56f. Daß es jedenfalls naheliege, auch die Anforderungen an die rechtliche Prüfung herabzusetzen, meint Leipold, 64ff.; 88f.; damit begründet er die Notwendigkeit einer (zusätzlichen) Interessenabwägung (89). Für eine Reduktion der Anforderungen an die „Rechtsfeststellung“ neuerdings auch Finkelnburg/*Jank*, Rn. 309.

[10] Unklar daher Jakobs, VBlBW 1984, 129 (134).

[11] Bickel, DÖV 1983, 49 (52); Eyermann/Fröhler, § 123 Rn. 6, 17; Klinger, § 123 Erl. C 3 a; Koehler, § 80 Erl. E IV 5, § 123 Erl. V 1; Kopp, VwGO, § 123 Rn. 8, 24, 29, besonders deutlich § 80 Rn. 94 a; Pietzner/Ronellenfitsch, § 49 Rn. 8; Rabeneck, 56f.; Scholler/Broß, Rn. 830; Schunck/De Clerck, §123 Erl. 4 b; Stern, 94; Tietgen, DVBl. 1956, 683; Tschira/Schmitt Glaeser, 177f.; Ule, Verwaltungsgerichtsbarkeit, § 123 Erl. IV; ders., Verwaltungsprozeßrecht, § 67 II 2, IV 1; vgl. auch § 49 III 2. Für eine Darlegungs-

Eilverfahren gelte der Untersuchungsgrundsatz nicht, wäre allerdings nicht nur angesichts der aus der Entscheidungspraxis der Gerichte gewonnenen Erkenntnisse fragwürdig[12]. Wenn aber im gleichen Zusammenhang auf § 294 ZPO pauschal, also einschließlich dessen Abs. 2 verwiesen wird[13], könnte damit schon eher die Meinung zum Ausdruck kommen, daß der Antragsteller nicht nur die sein Begehren rechtfertigenden tatsächlichen Behauptungen aufstellen, sondern auch geeignete Beweismittel — zu denen dann auch eine eidesstattliche Erklärung gehören kann — beibringen muß, damit sofort Beweis erhoben werden kann. Der Untersuchungsgrundsatz ist dadurch offenbar partiell ausgeschaltet: Das Gericht erforscht den Sachverhalt von Amts wegen, aber nur, soweit dies aufgrund der vom Antragsteller beigebrachten Beweismittel möglich ist. Da weder eine so weitgehende Pflicht des Antragstellers ausdrücklich formuliert noch die Frage der Anwendbarkeit des § 294 ZPO — insbesondere des Absatzes 2 — grundsätzlich erörtert wird, erscheint eine derartige Interpretation jedoch immer noch gewagt.

Aber zum Teil wird darüber hinaus an anderer Stelle das Erfordernis der Glaubhaftmachung — in Abgrenzung zum normalen Verfahren — als „beschränkte" oder „abgeschwächte" Beweis(führungs)pflicht gedeutet[14] oder die infolge der Eilbedürftigkeit erforderliche Modifikation des Verfahrens darin gesehen, daß die summarische Prüfung der Sach- und Rechtslage auf den *von den Beteiligten vorgelegten* oder sonst *sofort verfügbaren Beweismitteln* beruhen soll[15]. Daraus folgt dann insgesamt, daß darüber hinausgehende Ermittlungen durch das Gericht im Eilverfahren offenbar als unzulässig angesehen werden.

Können also nur wenige der hier zusammengefaßten Meinungsäußerungen dahin interpretiert werden, § 920 Abs. 2 ZPO stelle besondere Anforderungen an den Vortrag des Antragstellers und gehe insoweit § 86 Abs. 1 vor, so erörtert doch keiner der genannten Autoren den möglichen Widerspruch zwischen beiden Regelungen. Daher können auch diejenigen Ansichten nicht überzeugen, nach denen dieser Widerspruch zumindest konkludent aufgelöst ist.

bb) Andere gehen zwar auch von einer Art Darlegungspflicht des Antragstellers aus, halten aber bei nicht ausreichendem Vortrag gerichtliche Ermittlungen

pflicht — wenn auch mit geringeren Anforderungen — grundsätzlich auch Leipold (Fn. 7) und 192f.

[12] Vgl. oben 1 c bb.

[13] Eyermann/Fröhler, § 123 Rn. 17; Klinger (Fn. 11); Koehler (Fn. 11); Kopp, VwGO, § 123 Rn. 29; Ule, Verwaltungsprozeßrecht, § 67 IV 1; in § 49 III 2 verweist er sogar ausdrücklich auf § 294 Abs. 2 ZPO.

[14] Eyermann/Fröhler, § 86 Rn. 5, 13; Schunck/De Clerck, § 86 Erl. 1 c aa.

[15] Kopp, VwGO, § 80 Rn. 90, 91; § 123 Rn. 19 (Hervorhebungen nur hier). Zudem nennt Kopp in seiner Aufzählung der auch im Eilverfahren geltenden allgemeinen Verfahrensvorschriften und -grundsätze § 86 Abs. 1 nicht. Im Ergebnis ähnlich Martens, 209 m. Fn. 11, 214 (für das Aussetzungsverfahren), 217 m. Fn. 45 (für das Anordnungsverfahren); seiner Meinung nach muß der Kläger allerdings in jedem Verfahren die aus seiner Sphäre stammenden Tatsachen angeben, um den Prozeß nicht zu verlieren (131 ff., insbes. 133, 134); diese „Behauptungslast" (134) ist also keine Besonderheit des Eilverfahrens.

für möglich oder gar geboten, § 86 Abs. 1 mithin trotz § 920 Abs. 2 ZPO für anwendbar[16]. Die Darstellung fällt dabei zuweilen etwas schlagwortartig aus[17] oder ist in sich nicht ganz konsequent[18], meist aber von dem Bemühen geprägt, § 920 Abs. 2 ZPO unter Berücksichtigung des Untersuchungsgrundsatzes so zu interpretieren, daß dennoch der Eilbedürftigkeit Rechnung getragen wird. So soll das Gericht etwa den vom Antragsteller vorgetragenen Sachverhalt insoweit ergänzen müssen, als Anhaltspunkte für das Vorliegen einer noch nicht in den Prozeß eingeführten entscheidungserheblichen Tatsache gegeben sind, dabei aber nur verpflichtet sein, präsente Beweismittel auszuschöpfen[19]. Nach dieser Auffassung kann in § 920 Abs. 2 ZPO mithin immer noch die Pflicht des Antragstellers verankert sein, entsprechend § 294 Abs. 2 ZPO eine sofortige Beweisaufnahme zu ermöglichen, also Beweismittel beizubringen, während für andere Autoren eine solche Beschränkung gerichtlicher Ermittlungstätigkeit wegen § 86 Abs. 1 nicht in Frage kommt: § 920 Abs. 2 ZPO fordere vielmehr lediglich substantiierte (und schlüssige) Darlegungen oder bringe die allgemeine Mitwirkungspflicht bei der Aufklärung des Sachverhalts zum Ausdruck, die aber im übrigen dem Gericht obliege[20].

3. Exkurs: „Glaubhaftmachung" in anderen Vorschriften der Verwaltungsgerichtsordnung

Rechtsprechung und Schrifttum zum Erfordernis der Glaubhaftmachung im Zusammenhang mit §§ 54 Abs. 1 (in Verbindung mit § 44 Abs. 2, 4 ZPO); 60

[16] Baur, Studien, 38ff.; Berg, 116 — gegen die Annahme einer Beweisführungspflicht auch 168ff. (172); Finkelnburg, Rn. 91, 116, 188, 487f.; enger Finkelnburg/*Jank*, Rn. 22, 298ff. (insbes. 299); vgl. auch Rn. 297; Grunsky, JuS 1977, 217 (221); vgl. auch Grundlagen, § 19 II i.V.m. § 43 III; Hoffmann, DÖV 1976, 371 (375) — für Verfahren gemäß § 80 Abs. 5; Jakobs, VBlBW 1984, 129 (134); Lippert, DVBl. 1977, 558 (560); Quaritsch, VerwArch 51 (1960), 34 (367f., 371); Redeker/von Oertzen, § 123 Anm. 18; Rohmeyer, 198ff. (200); Tietgen, Gutachten, 25f., 34f. — anders noch DVBl. 1956, 683; im Ergebnis auch Ule, DVBl. 1961, 48; für das Sozialgerichtsverfahren Plagemann, Rn. 248, 264. Nach Obermayer, 879f., muß der Vortrag des Antragstellers als möglich erscheinen lassen, daß die Voraussetzungen des § 123 Abs. 1 erfüllt sind; insoweit konkretisiere das Erfordernis der Glaubhaftmachung nur die Sachentscheidungsvoraussetzung „Rechtsschutzbedürfnis" (und sei mithin selbst Verfahrensvoraussetzung); das Gericht müsse aber erforschen, ob der Antrag begründet sei (vgl. auch 885).

[17] So etwa bei Redeker/von Oertzen (Fn. 16).

[18] So z.B. bei Finkelnburg, Rn. 111, 116, 117 einerseits, Rn. 91, 175, 188f., 488 andererseits; Lippert (Fn. 16).

[19] Grunsky, JuS 1977, 217 (221); ders., Grundlagen, § 43 III; Jakobs, VBlBW 1984, 129 (134). Vgl. jetzt auch Finkelnburg/*Jank*, Rn. 300f., 304.

[20] So vor allem Finkelnburg, Rn. 188f., 487f.; enger jetzt Finkelnburg/*Jank* (Fn. 16, 19): „Glaubhaftmachungspflicht" als gegenüber dem Hauptsacheverfahren „gesteigerte Mitwirkungspflicht" (Rn. 299); vgl. auch Baur, Studien, 38ff. (39), der nur den Vortrag eines „Sachverhaltskerns" für notwendig hält; Plagemann, Rn. 264; Rohmeyer, 200f., 202 (jedenfalls in Beurteilungs- und Ermessensangelegenheiten bei der Beurteilung der Erfolgsaussichten in der Hauptsache); Tietgen, Gutachten, 35; Berg, 168 mit Fn. 32, und noch weitergehend Marx, 197. Im Ergebnis ähnlich Obermayer, 880, 885.

Abs. 2; 99 Abs. 2 können für die Ermittlung der Bedeutung des Begriffs im Rahmen des verwaltungsgerichtlichen Eilverfahrens nur eingeschränkt von Nutzen sein[1]. Dieser reduziert sich im wesentlichen darauf, den bisherigen Eindruck zu bestätigen. Denn auch die diesbezüglichen Meinungsäußerungen spiegeln die Mehrdeutigkeit des Begriffs „Glaubhaftmachung", ohne den bekannten Bedeutungsvarianten eine neue hinzuzufügen oder etwa eine von ihnen auszugrenzen. Einigkeit herrscht hinsichtlich der Herabstufung der Erkenntnisanforderungen: es genügt überwiegende Wahrscheinlichkeit (bei § 60 Abs. 2 Satz 2 jedenfalls schon vom Gesetzestext her nur der den Antrag begründenden Tatsachen)[2]; allerdings wird hier genauer als für das Eilverfahren der Vortrag von Tatsachen von ihrer Glaubhaftmachung unterschieden[3] und der Begriff somit eindeutig auf den Bereich der Beweisführung bezogen. An diese sollen strenge Anforderungen nicht zu stellen sein; vielmehr sollen schon — über den für entsprechend anwendbar gehaltenen § 294 ZPO hinaus — bloße Erklärungen oder Auskünfte genügen[4]. Zweifelhaft ist, ob damit zugleich dem Antragsteller — in den Fällen des § 99 der Behörde — insoweit auch eine Beweisführungspflicht aufgebürdet ist. Nach der in der Literatur ganz einhellig, aber nur schlagwortartig vertretenen und nirgends begründeten Auffassung soll zwar der Untersuchungsgrundsatz durch das Erfordernis der Glaubhaftmachung nicht aufgehoben sein[5]. Das Bundesverwaltungsgericht äußert sich demgegenüber nicht so eindeutig. So gewährte das Gericht etwa einerseits eine Wiedereinsetzung trotz fehlenden Vortrags und fehlender Glaubhaftmachung von Einzelheiten durch den Kläger nur deshalb von Amts wegen, weil „glaubhaft erkennbar" war, daß die Versäumung der Frist nicht auf Verschulden beruhte[6]. Ob es, wäre dies nicht der Fall gewesen, Ermittlungen angestellt hätte, erscheint nach der Formulierung der Entscheidungsgründe als fragwür-

---

[1] Dazu schon oben Kapitel I 3 b am Ende.

[2] Eyermann / Fröhler, § 60 Rn. 16; nach Rn. 12 zu § 99 muß die Behörde jedenfalls nicht vollen Beweis erbringen; Klinger, § 60 Erl. C 2; Redeker / von Oertzen, § 60 Anm. 12; Schunck / De Clerck, § 60 Erl. 3 b — Hinweis auf Baumbach / Lauterbach; Ule, Verwaltungsgerichtsbarkeit, § 60 Erl. I 4; § 99 Erl. II 3. Auch das BVerwG versteht den Begriff als Verminderung der Erkenntnisanforderungen; so etwa BVerwGE 13, 209 (212).

[3] Eyermann / Fröhler, § 60 Rn. 17; Kopp, VwGO, § 60 Rn. 22; Schunck / De Clerck (Fn. 2); BVerwG BayVBl. 1973, 473 (474); DÖV 1976, 168; DVBl. 1983, 995 (996); OVG Rheinland-Pfalz NJW 1972, 2326.

[4] Eyermann / Fröhler, § 99 Rn. 12; vgl. auch § 60 Rn. 16 (sofortige Beweisaufnahme); Klinger, § 60 Erl. C 2; Kopp, VwGO, § 60 Rn. 23 (vgl. auch 22; § 99 Rn. 17); Redeker / von Oertzen, § 60 Anm. 12, § 99 Anm. 12; aus der Rechtsprechung z. B. BVerwG BayVBl. 1973, 473 (474). Auf § 294 ZPO verweisen auch Schunck / De Clerck, § 60 Erl. 3 b, und Ule, Verwaltungsgerichtsbarkeit, § 60 Erl. I 4. Die Erläuterungen zu § 54 Abs. 1 (in Verbindung mit § 44 Abs. 2; 4 ZPO) führen nicht weiter; sie begnügen sich zumeist mit einer Wiederholung des Begriffs: Eyermann / Fröhler, § 54 Rn. 13; Kopp, VwGO, § 54 Rn. 14; Redeker / von Oertzen, § 54 Anm. 14; Schunck / De Clerck, § 54 Erl. 4 c.

[5] Kopp, VwGO, § 60 Rn. 24, § 99 Rn. 15; Redeker / von Oertzen, § 60 Anm. 12; offenbar auch Schunck / De Clerck, § 60 Erl. 3 b, d.

[6] BVerwG BayVBl. 1973, 473 (474); bestätigend BayVBl. 1978, 246.

dig. Zudem bejahte es in einer anderen Entscheidung eine Verpflichtung zur Aufklärung des Sachverhalts in jeder Hinsicht — also nicht nur auf das Vorbringen des Antragstellers oder Klägers beschränkt — nur für die Fälle, in denen die Entscheidung von einer eindeutigen Feststellung der Tatsachen abhängt, was gerade nicht der Fall sei, wenn Glaubhaftmachung ausreicht[7]. Andererseits ermittelt das Gericht aber durchaus auch einmal den Sachverhalt über den Vortrag des Antragstellers oder Klägers hinaus[8].

Wie dem nun sei — wegweisende Gesichtspunkte für die Bedeutung der Glaubhaftmachung im Rahmen der Sachverhaltsfeststellung im Eilverfahren, die über die schon bekannten Interpretationsmöglichkeiten hinausgehen, lassen sich hier nicht finden; bei der Lösung des Auslegungsproblems können Rechtsprechung und Literatur zu §§ 54 Abs. 1; 60 Abs. 2; 99 Abs. 2 daher außer Betracht bleiben.

4. Zwischenergebnis und weiteres Untersuchungsprogramm

Die Übersicht über die Auslegung des § 920 Abs. 2 ZPO in Rechtsprechung und Schrifttum hat bestätigt, daß „Glaubhaftmachung" im verwaltungsgerichtlichen Eilverfahren vieles bedeuten kann. Was der Begriff wirklich bedeutet, ist angesichts der dem Spektrum seiner möglichen Regelungsinhalte entsprechenden Meinungsvielfalt immer noch unklar. Sicher: Das Gericht scheint nach allen Ansichten vom Vorliegen der für die Entscheidung erheblichen Tatsachen anders als im normalen Verfahren nicht völlig überzeugt sein zu müssen, und für die Beweisführung wird die Geltung des § 294 Abs. 1 ZPO nicht in Frage gestellt. Offen ist aber, unter welchen Erkenntnisvoraussetzungen das Gericht eine Tatsache der Entscheidung zugrundelegen darf. Offen ist ebenfalls, ob diese Voraussetzungen sich auch auf die rechtliche Prüfung erstrecken. Und offen ist schließlich die Geltung des § 86 Abs. 1 und des § 294 Abs. 2 ZPO. Formulierungen, denen zufolge der Antragsteller für die Beschaffung des Tatsachenmaterials verantwortlich zu sein scheint, liegt nicht notwendig auch die Annahme zugrunde, § 920 Abs. 2 ZPO erkläre gerichtliche Ermittlungen für unzulässig und § 86 Abs. 1 damit für unanwendbar. Im Schrifttum werden solche Formulierungen zumeist nicht präzisiert, und viele Gerichte erörtern im Anschluß an entsprechende Formeln entweder nur rechtliche Probleme oder offenbaren in den Entscheidungsgründen, daß sie doch ermittelt haben oder es bei entsprechendem Anlaß möglicherweise getan hätten.

Soweit demgegenüber das Erfordernis der Glaubhaftmachung als echte Beibringungspflicht des Antragstellers interpretiert wird, fehlt in der Regel schon ein ausdrücklicher Hinweis — und erst recht eine Begründung dafür —, daß § 86 Abs. 1 nicht gilt. Umgekehrt setzen diejenigen, die das Spannungsverhältnis zwischen § 86 Abs. 1 und § 123 Abs. 3 VwGO, § 920 Abs. 2 ZPO

[7] BVerwGE 13, 209 (212).

[8] BVerwG DÖV 1976, 168 (169).

überhaupt einmal erörtern, die Geltung des § 86 Abs. 1 im Eilverfahren einfach voraus[1].

Es zeigt sich also: Entweder soll § 86 Abs. 1 offenbar ohne weiteres angewendet werden können, oder es wird mit entsprechender Formulierung der aus § 920 Abs. 2 ZPO sich ergebenden Anforderungen stillschweigend vom Untersuchungsgrundsatz abgewichen. Auch die Anwendbarkeit des § 294 Abs. 2 ZPO wird im Regelfall nur behauptet. Die angesichts der Eilbedürftigkeit naheliegende Frage, ob § 920 Abs. 2 ZPO die Geltung des Untersuchungsgrundsatzes ausschließt, wird nicht näher untersucht[2].

Im folgenden Abschnitt geht es daher zunächst um die Frage, ob § 920 Abs. 2 ZPO als eine solche besondere Regel an die Stelle der gerichtlichen Ermittlungspflicht tritt. Wenn danach feststeht, wie die Aufgaben und Verantwortlichkeiten für die Feststellung des Sachverhalts verteilt sind, kann versucht werden, die dabei zu beachtenden Erkenntnisanforderungen zu präzisieren.

---

1 Dazu nochmals die Nachweise oben 2 Fn. 16.

2 — oder mit bloßen Vermutungen beantwortet; so etwa Baur, Studien, 39.

Zweiter Abschnitt

Die Bedeutung des § 920 Abs. 2 ZPO für die Feststellung des Sachverhalts im verwaltungsgerichtlichen Eilverfahren

I. Die Bedeutung des § 920 Abs. 2 ZPO im Anordnungsverfahren

1. Der Regelungsgegenstand der Norm: Die Feststellung der entscheidungserheblichen Tatsachen

Grundlage jeder Auslegung einer Rechtsnorm ist ihr Wortlaut. Mit dem Wortlaut von § 920 Abs. 2 ZPO allein ist aber nicht viel anzufangen: die Vorschrift ist für das Arrestverfahren gemäß §§ 916ff. ZPO konzipiert und nimmt dessen Voraussetzungen in Bezug, nicht aber diejenigen des § 123 Abs. 1 (der wiederum den §§ 935, 940 ZPO nachgebildet ist, für die § 920 Abs. 2 ZPO ebenfalls entsprechend gilt, § 936 ZPO). Der hier auszulegende Text muß also zunächst einmal in seinen Einzelheiten nachgezeichnet werden.

Gemäß § 123 Abs. 1 kann das Gericht eine einstweilige Anordnung in zwei Fällen treffen: nach Satz 1 in bezug auf den Streitgegenstand, wenn die Gefahr besteht, daß durch eine Veränderung des bestehenden Zustands die Verwirklichung eines Rechts des Antragstellers vereitelt oder wesentlich erschwert werden könnte; nach Satz 2 zur Regelung eines vorläufigen Zustands in bezug auf ein streitiges Rechtsverhältnis, wenn diese Regelung zur Abwendung wesentlicher Nachteile oder Verhinderung drohender Gewalt oder aus anderen Gründen nötig erscheint. Gegenstand der Glaubhaftmachung gemäß § 920 Abs. 2 ZPO sind demgegenüber „Anspruch" und „Arrestgrund". Diese Begriffe kommen in § 123 Abs. 1 nicht vor, müssen also übersetzt werden. Ein Blick auf die Arrestvorschriften, auf die sich § 920 Abs. 2 ZPO bezieht, zeigt: Ein Arrestgrund ist gegeben, wenn die Zwangsvollstreckung in das Vermögen des Schuldners einer Geldforderung (§ 916 Abs. 1 ZPO) gefährdet ist (§§ 917; 918 ZPO). Gefährdet sein kann sie aber nur aufgrund zu befürchtender tatsächlicher Vorgänge — ist etwa der Schuldner dabei, sein Geld zu verprassen, kann die Zwangsvollstreckung, wenn sie durchgeführt wird, nicht mehr zur Befriedigung des Gläubigers führen. Die Parallele zu § 123 Abs. 1 ist offensichtlich; nur muß hier die Gefahr bestehen, daß der Antragsteller aufgrund tatsächlicher Veränderungen ein Recht nur schwer oder überhaupt nicht mehr verwirklichen könnte (Abs. 1 S. 1) oder daß wesentliche Nachteile oder Gewalt, also ebenfalls bestimmte tatsächliche Entwicklungen drohen (Abs. 1 S. 2). Der Begriff „Anordnungsgrund" steht also für die Notwendigkeit der einstweiligen Anordnung, die sich jeweils aus konkreten Tatsachen ergibt, und meint im Fall des § 123 Abs. 1 S. 1 die Sicherungs-, im Fall des § 123 Abs. 1 S. 2 die Regelungsbedürftigkeit. Diese Tatsachen — um beim Text des § 920 Abs. 2 ZPO zu bleiben — sind glaubhaft zu machen[1].

Dann ist mit „Anspruch" das Schutzgut gemeint, das gefährdet ist und durch die einstweilige Anordnung gesichert werden soll. Im Fall des § 123 Abs. 1 S. 1 ist das ein „Recht" des Antragstellers; im Fall des § 123 Abs. 1 S. 2 scheint es nur das streitige Rechtsverhältnis zu sein. Nun soll zwar mit der einstweiligen Anordnung das Rechtsverhältnis selbst vorläufig geregelt werden. Ein Rechtsverhältnis ist jedoch eine durch Rechte und / oder Pflichten geprägte Beziehung zweier oder mehrerer Rechtssubjekte zueinander[2]; ein Streit über das Rechtsverhältnis betrifft daher immer auch diese Rechte oder Pflichten. Die einstweilige Anordnung dient also letztlich dazu, wesentliche Nachteile oder drohende Gewalt abzuwenden, die dem Antragsteller daraus entstehen können, daß der Antragsgegner ein sich aus dem Rechtsverhältnis ergebendes Recht in Frage stellt. Glaubhaftmachung des „Anspruchs" im Sinne von § 920 Abs. 2 ZPO bedeutet demgemäß Glaubhaftmachung eines Rechts oder eines Rechtsverhältnisses, das dadurch gekennzeichnet ist, daß der Antragsgegner ein Recht des Antragstellers bestreitet[3].

Das heißt aber nicht, daß sich § 920 Abs. 2 ZPO insoweit auf die Rechtsfrage bezieht, daß also der Antragsteller etwa verpflichtet sei, dem Gericht seine Rechtsauffassung glaubhaft zu machen. Sowohl das zu sichernde Recht, dessen im Gesetz jeweils nur abstrakt umschriebene Voraussetzungen im Einzelfall erfüllt sein müssen, als auch die Existenz und konkrete Ausgestaltung eines Rechtsverhältnisses beruhen auf tatsächlichen Umständen. Genauso wie für den Anordnungsgrund muß der Antragsteller also auch für den „Anspruch" tatsächliche Umstände glaubhaft machen. So sinnvoll es auch sein kann, dem Gericht darüber hinaus die das Begehren stützenden rechtlichen Überlegungen vorzutragen — ob die Richter der Rechtsauffassung des Antragstellers zu folgen bereit sind, müssen sie — iura novit curia — grundsätzlich selbst entscheiden.

---

[1] Finkelnburg / *Jank*, Rn. 152ff., 175ff.; Kopp, VwGO, § 123 Rn. 6-8, 24; Schunck / De Clerck, § 123 Erl. 4b; vgl. auch Erichsen, Jura 1984, 644 (650, 651). Für das Zivilprozeßrecht: Leipold, 17f.; Stein / Jonas / Grunsky, § 935 Rn. 11f., § 940 Rn. 7ff.; Thomas / Putzo, § 935 Erl. 3, § 940 Erl. 3.

[2] Der Begriff ist wie in § 43 VwGO zu verstehen: vgl. nur Kopp, VwGO, § 123 Rn. 8 i.V.m. 11ff. zu § 43.

[3] Dazu — insbesondere für die Regelungsanordnung — umfassend Finkelnburg / *Jank*, Rn. 141ff., 172f., 182ff. und 198ff. (insbes. 200); ebenso Eyermann / Fröhler, § 123 Rn. 6; Kopp, VwGO, § 123 Rn. 7, 8; Schunk / De Clerck (Fn. 1); Redeker / von Oertzen, § 123 Anm. 5, 6; vgl. auch Jakobs, VBlBW 1984, 129 (133, 134) und Erichsen, Jura 1984, 644 (649f.; für die Regelungsanordnung 651, dort — Fn. 77, 78 — auch Nachweise aus der Rechtsprechung). Für die einstweilige Verfügung gemäß § 940 ZPO ebenso Grunsky, JuS 1976, 277 (279).

Und selbst wenn im Anordnungsverfahren die Anforderungen an die rechtliche Prüfung gegenüber denjenigen im normalen Prozeß reduziert sein sollten[4], ist nicht denkbar, wie ein rechtlicher Gedankengang sollte glaubhaft gemacht werden können: Rechtsmeinungen kann man zwar mehr oder weniger überzeugend vertreten, nicht aber beweisen.

Wenn § 920 Abs. 2 ZPO also vom Antragsteller fordert, Anspruch und Anordnungsgrund glaubhaft zu machen, dann sind damit die *Tatsachen* gemeint, aus denen sich das zu sichernde Recht und die Notwendigkeit einer einstweiligen Anordnung ergeben. Die Vorschrift betrifft daher die Erkenntnis der entscheidungserheblichen Tatsachen im Prozeß. Für den Bereich der *rechtlichen* Erkenntnis stellt sie jedenfalls keine Forderungen an den Antragsteller. Der Vorgang der Tatsachenerkenntnis läuft aber in mehreren Phasen ab: Zunächst muß der potentiell entscheidungserhebliche Tatsachenstoff dem Gericht überhaupt erst einmal bekannt werden. Sodann muß das Gericht nachprüfen, welche der bekanntgewordenen Tatsachen es der Entscheidung zugrundelegen darf; d. h. es muß feststellen, welche tatsächlichen Behauptungen der Wirklichkeit entsprechen. Dazu muß es sich aufgrund einzelner Beweismittel eine bestimmte Überzeugung verschaffen. Nach den bisherigen Erkenntnissen über die Auslegung des § 920 Abs. 2 ZPO sieht es so aus, als gelte die Vorschrift in der Tat für alle diese Teilabschnitte: als Aufforderung an den Antragsteller, die entscheidungserheblichen Tatsachen zum Gegenstand des Verfahrens zu machen und die erforderlichen Beweismittel zur Verfügung zu stellen, und als Aufforderung an das Gericht, die einstweilige Anordnung schon dann zu erlassen, wenn die Behauptungen des Antragstellers wenigstens glaubhaft sind. Ob sich dieser vorläufige Eindruck bestätigen läßt und welche Regelungen § 920 Abs. 2 ZPO für die Feststellung der Tatsachen im Eilverfahren trifft, soll nunmehr im einzelnen untersucht werden.

2. Glaubhaftmachung statt Erforschung des Sachverhalts von Amts wegen? — Die Bedeutung des § 920 Abs. 2 ZPO für Tatsachenvortrag und Beweisführung

a) § 920 Abs. 2 ZPO als Regel für die Beweisführung

Für den *Vortrag* von Tatsachen ist § 920 Abs. 2 ZPO möglicherweise gar nicht einschlägig. Denn schon nach § 920 Abs. 1 ZPO sollen im „Gesuch" — in verwaltungsprozeßrechtlicher Übersetzung: in der Antragsschrift — „Anspruch" und (Anordnungs-)„Grund" bezeichnet werden. Allerdings könnte das auch so zu verstehen sein, daß eine stichwortartige Benennung ausreicht. Dann wäre z. B. ein Antrag auf einstweilige Anordnung zur Sicherung eines An-

[4] Dazu nochmals die Nachweise oben 1. Abschnitt, Kap. II 1 (Fn. 27, 28), 2 (Fn. 9) sowie grundsätzlich Leipold, 64f. Zu der Frage, ob dies auf § 920 Abs. 2 ZPO beruht, näher unten 3b.

spruchs auf Zulassung zum Studium der Medizin an einer bestimmten Hochschule auch ohne konkretisierende Angaben — etwa die Hochschulreife des Antragstellers; eine fehlerhafte Kapazitätsberechnung durch die Hochschule; die rechtswidrige Vergabe von Studienplätzen an andere Bewerber — ordnungsgemäß bezeichnet. Ein Vergleich mit der für Klagen geltenden Regelung scheint diese Sichtweise zu bestätigen: Wenn § 82 Abs. 1 einerseits unter anderem die Bezeichnung des Streitgegenstands, andererseits aber neben einem bestimmten Antrag auch die Angabe der ihn begründenden Tatsachen und Beweismittel fordert, gehört der Vortrag von Tatsachen ganz offensichtlich nicht schon zu der „Bezeichnung" des Streitgegenstands. Infolgedessen würde im Anordnungsverfahren die Pflicht, Tatsachen vorzutragen, erst durch § 920 Abs. 2 ZPO begründet.

Eine derart enge Deutung des § 920 Abs. 1 ZPO überzeugt jedoch nicht. Da sich das durch einstweilige Anordnung zu sichernde Recht des Antragstellers immer erst aus der Anwendung einer Rechtsnorm im Einzelfall ergibt, die nur aufgrund bestimmter tatsächlicher Umstände möglich ist, hätte seine bloße Benennung mit einem Kürzel keinerlei Erkenntniswert; § 920 Abs. 1 ZPO wäre dann sinnlos. Also müssen schon zur „Bezeichnung" des Rechts gemäß § 920 Abs. 1 ZPO auch die Tatsachen vorgebracht werden, die es begründen können. Das gilt erst recht für den Anordnungsgrund, der sich ohnehin ausschließlich aus Tatsachen ergibt. Dementsprechend umfaßt im zivilprozeßrechtlichen Eilverfahren die Bezeichnung von Anspruch und Arrestgrund auch den Vortrag von Tatsachen[1]. Allein die Fassung des § 82 Abs. 1 kann demgegenüber nicht dagegen sprechen, § 920 Abs. 1 ZPO im verwaltungsgerichtlichen Eilverfahren genauso zu verstehen[2].

Damit wird deutlich, daß § 920 Abs. 2 ZPO eine Regel nicht für den Vortrag, sondern für die Feststellung von Tatsachen aufstellt — oder, anders ausgedrückt, für die Prüfung, ob der Tatsachenvortrag des Antragstellers (§ 920 Abs. 1 ZPO) der Wirklichkeit entspricht. Das bloße Behaupten von Tatsachen genügt also auch im Eilverfahren nicht; sie müssen glaubhaft sein. Und offensichtlich ist es die Aufgabe des Antragstellers, dem Gericht diese Einschätzung zu ermöglichen, denn in Verbindung mit § 294 ZPO fordert § 920 Abs. 2 ZPO von ihm, schriftliche Zeugenaussagen, eidesstattliche Erklärungen, etwa vorhandene Urkunden, Gutachten von Sachverständigen — kurz: das gesamte verfügbare Beweismaterial schon mit der Antragsschrift dem Gericht vorzulegen. Da diese Tätigkeit in den Bereich überzugehen scheint, den § 86 Abs. 1 für das Verfahren im ersten Rechtszug der Verantwortung des Gerichts übertragen hat — die Erforschung des Sachverhalts ist ja offenkundig eine Tätigkeit, die neben die Beweisführung durch den Antragsteller tritt, aber das gleiche Ziel hat

---

[1] Stein/Jonas/Grunsky, § 920 Rn. 7; Thomas/Putzo, § 920 Erl. 1; dort auch noch weitere Nachweise.

[2] Auch insoweit zeigt sich, daß die Verfahrensregelungen wenig aufeinander abgestimmt sind.

—, könnte die entsprechende Anwendung des § 920 Abs. 2 ZPO zur Folge haben, daß das Gericht im Anordnungsverfahren nur prüfen muß, ob der Antragsteller die Voraussetzungen für die einstweilige Anordnung glaubhaft gemacht hat, und insofern die Geltung des § 86 Abs. 1 ausschließen.

Allerdings normiert § 920 ZPO insgesamt nur die Anforderungen an das Arrestgesuch, im verwaltungsgerichtlichen Eilverfahren also diejenigen an die Antragsschrift. Wenn § 920 Abs. 2 ZPO diese Anforderungen gegenüber denjenigen verschärft, die § 82 an die Klageschrift stellt, muß das aber noch nicht bewirken, daß im Eilverfahren die Glaubhaftmachung auch an die Stelle gerichtlicher Sachverhaltserforschung tritt. Mit der Antragsschrift bringt der Antragsteller das Verfahren erst in Gang; in dessen weiterem Verlauf kann das Gericht trotz § 920 Abs. 2 ZPO zu Ermittlungen verpflichtet sein, wenn es feststellt, daß der Vortrag aufgrund der vom Antragsteller beigebrachten Beweismittel noch nicht glaubhaft ist, es sei denn, § 294 Abs. 2 ZPO schlösse dies aus. Das setzt jedoch voraus, daß § 86 Abs. 1 als Vorschrift für das Verfahren im ersten Rechtszug auch im Eilverfahren überhaupt gelten kann — woran von vornherein nicht zu denken wäre, wenn die Vorschriften über den einstweiligen Rechtsschutz das vom Gericht einzuhaltende Verfahren erschöpfend regelten und so eine (ergänzende) Anwendung der Bestimmungen über das Verfahren im ersten Rechtszug als unzulässig erscheinen ließen.

b) Die Geltung des Untersuchungsgrundsatzes im Anordnungsverfahren

aa) Anwendbarkeit der allgemeinen Verfahrensbestimmungen

Sollen die Vorschriften für das Verfahren im ersten Rechtszug ergänzend herangezogen werden können, muß § 123 insoweit lückenhaft sein. Das erscheint zweifelhaft. Durch ausdrückliche Verfahrensbestimmungen in der Norm selbst oder aufgrund der Verweisung auf Vorschriften der Zivilprozeßordnung ist das Anordnungsverfahren nahezu ebenso umfassend geregelt wie das Verfahren im ersten Rechtszug. Die Regelung für das Anordnungsverfahren besteht aus inhaltsgleichen oder jedenfalls die gleiche Materie betreffenden Vorschriften — so etwa § 123 Abs. 1; 3 i. V. m. § 920 Abs. 1; 3 ZPO gegenüber § 81 Abs. 1 — oder modifiziert die Bestimmungen für das Verfahren im ersten Rechtszug dem Eilcharakter entsprechend. So braucht etwa eine mündliche Verhandlung nicht stattzufinden (§ 123 Abs. 3 i. V. m. § 921 Abs. 1 ZPO; anders § 101 Abs. 1), und auch die erhöhten Anforderungen an die Antragsschrift sollen offenbar der Eilbedürftigkeit Rechnung tragen. Die Verfahrensregelungen werden darüber hinaus durch besondere Vorschriften über die Vollziehung einer einstweiligen Anordnung ergänzt (§ 123 Abs. 3 i. V. m. §§ 928-932; 941 ZPO). Die Reservierung eines eigenen Abschnitts der Verwaltungsgerichtsordnung für die einstweilige Anordnung scheint zu bestätigen: hier handelt es sich um eine eigenständige und umfassende Regelung des Anordnungsverfahrens, die eine Anwendung der Bestimmungen für das Verfahren im ersten Rechtszug erübrigt.

Andererseits sind aber auch Lücken festzustellen. So fordert etwa § 920 Abs. 1 ZPO nur die Bezeichnung von Anordnungsanspruch und Anordnungsgrund, nicht aber diejenige des Antragsgegners[3], und es fehlen Bestimmungen über die rechtliche Wirkung der Antragstellung, also etwa über Beginn und Umfang der Rechtshängigkeit[4]. Auch das weitere Verfahren nach Eingang des Antrags bei Gericht ist nicht näher geregelt; ob etwa — wie sonst gemäß § 85 — eine Zustellung an den Antragsgegner erforderlich ist oder der Antragsteller aufgefordert werden kann, seine Antragsschrift zu präzisieren oder zu vervollständigen (vgl. § 82 Abs. 2), geht aus dem Gesetz nicht hervor. Mag eine Präzisierung des Antrags noch entbehrlich sein, da das Gericht gemäß § 123 Abs. 3 i.V.m. § 938 Abs. 1 ZPO nach seinem Ermessen bestimmt, welche Anordnung es trifft[5], und auf eine Aufforderung zur Ergänzung der tatsächlichen Behauptungen wegen § 920 Abs. 2 ZPO möglicherweise verzichtet werden können, so erscheint das Fehlen von Regelungen über eine etwaige Rücknahme oder Änderung des Antrags, insbesondere aber für die Durchführung einer etwa erforderlichen mündlichen Verhandlung als Lücke, die durch Rückgriff auf die §§ 81ff. geschlossen werden kann.

Dem kann nicht das rein formale Argument entgegenstehen, daß diese Regelungen aufgrund ihrer Zusammenfassung in einem besonderen Abschnitt des Gesetzes ausschließlich das Verfahren im ersten Rechtszug betreffen und daher in einem anderen Verfahren nicht anwendbar seien. Es kommt darauf an, eine vollständige und praktikable Verfahrensregelung für den vorläufigen Rechtsschutz zu finden, und die §§ 81ff. umfassen Bestimmungen hinsichtlich der in § 123 nicht geregelten Materien. Im übrigen ist auch die Gliederung der Zivilprozeßordnung allein kein Hindernis, für das im 5. Abschnitt des Achten Buches (unpassend) angesiedelte Eilverfahren nicht nur die Verfahrensvorschriften des Ersten Buches („Allgemeine Vorschriften", 3. Abschnitt — §§ 128-

[3] Daß er ebenfalls anzugeben ist, wird im zivilgerichtlichen Eilverfahren aus der entsprechenden Anwendung des § 253 Abs. 2 Nr. 1 ZPO (zum Teil auch des § 130 Nr. 1 ZPO) hergeleitet; so offenbar Baumbach/Lauterbach, § 920 Erl. 1 A b; ausdrücklich Wieczorek, § 920 Erl. B I a; vgl. auch allgemein B I und § 916 Erl. B. Zu Einzelheiten hinsichtlich der Bezeichnung des Anspruchs (§ 253 Abs. 2 Nr. 2 ZPO) Stein/Jonas/Grunsky, § 920 Rn. 7. Für eine entsprechende Anwendung des § 82 Abs. 1 im verwaltungsgerichtlichen Eilverfahren Finkelnburg/*Jank*, Rn. 91, 93; Lippert, DVBl. 1977, 558 (559).

[4] Im Schrifttum zum Zivilprozeß wird zumeist der Zeitpunkt der Einreichung des Antrags bei Gericht genannt; die Wirkungen sollen sich aus § 261 Abs. 3 ZPO ergeben — so Baumbach/Lauterbach, § 920 Erl. 1 B; Stein/Jonas/Grunsky, Vorbemerkung vor § 916, Rn. 10; Vorbemerkung vor § 935, Rn. 12ff.; a.A. Wieczorek, § 920, Erl. A II a. Für die VwGO verweisen nur Finkelnburg/*Jank*, Rn. 102 und Redeker/von Oertzen, § 123 Anm. 16 insoweit ausdrücklich auf § 90 Abs. 1.

[5] Gleichwohl soll auch § 88 anwendbar sein; so Erichsen, Jura 1984, 644 (652); Finkelnburg/*Jank*, Rn. 94; Kopp. VwGO, § 123 Rn. 16, 17; Redeker/von Oertzen, § 123 Anm. 19; Schunck/De Clerck, § 123 Erl. 3 a („im Rahmen ... des gestellten Antrags"). Für die ZPO: Baumbach/Lauterbach, § 935 Erl. 1; Stein/Jonas/Grunsky, Vorbemerkung vor § 935, Rn. 10; Teplitzky, JuS 1981, 122 (123, 124).

252 ZPO), sondern ebenso des Zweiten Buches über das Verfahren im ersten Rechtszug (§ 253ff. ZPO) heranzuziehen, dabei allerdings jeweils genau zu prüfen, ob die besonderen Bedingungen des Eilverfahrens dies ausschließen oder zu einer Modifikation zwingen[6].

Stellt § 123 also nur auf den ersten Blick ein in sich geschlossenes Regelungssystem dar, so können die verbleibenden inhaltlichen Lücken auch durch eine die Besonderheiten des Eilverfahrens berücksichtigende Anwendung der Verfahrensvorschriften des neunten Abschnitts der Verwaltungsgerichtsordnung geschlossen werden[7].

bb) § 920 Abs. 2 ZPO als Spezialvorschrift gegenüber § 86 Abs. 1 VwGO?

Können mithin die Vorschriften über das Verfahren im ersten Rechtszug grundsätzlich im Eilverfahren ergänzend angewendet werden, bleibt zu prüfen, ob § 920 Abs. 2 ZPO Raum für die Geltung des § 86 Abs. 1 läßt oder aber die Glaubhaftmachung von Anordnungsanspruch und -grund wirklich die Erforschung des Sachverhalts durch das Gericht ersetzen soll. Dazu ist der Regelungsinhalt des § 86 Abs. 1 zunächst einmal genauer zu bestimmen.

(1) Die Bedeutung des § 86 Abs. 1 VwGO

Gemäß § 86 Abs. 1 erforscht das Gericht den Sachverhalt von Amts wegen. Die Beteiligten hat es dabei heranzuziehen; an ihr Vorbringen und ihre Beweisanträge ist es aber nicht gebunden[8]. Schon der Wortlaut zeigt: Es ist offenbar nicht allein Sache des Gerichts, den entscheidungserheblichen Tatsachenstoff zu ermitteln und sich ein Urteil darüber zu bilden. Das bestätigen andere Vorschriften: Die Angabe von Tatsachen ist zunächst Sache des Klägers, § 82 Abs. 1, der zur Erfüllung dieser Aufgabe gemäß § 82 Abs. 2 unter Fristsetzung aufgefordert werden kann. Aber auch der Beklagte hat sich zu äußern, § 85. Darüber hinaus sollen die Beteiligten zur Vorbereitung der mündlichen Verhandlung und während ihrer Durchführung schon von sich aus Schriftsätze einreichen und ihre tatsächlichen Behauptungen belegen, § 86 Abs. 4; 5, und können gemäß §§ 86 Abs. 3; 87 dazu und zu Ergänzungen,

---

[6] Baumbach/Lauterbach, Grundz. § 916 Erl. 1, 3 A; Stein/Jonas/Grunsky, Vorbemerkung vor § 916, Rn. 6ff.; vor § 935, Rn. 8ff.; Thomas/Putzo, Vorbemerkung 2 vor § 916; Teplitzky, JuS 1981, 122ff., 352ff. (passim).

[7] Ausdrücklich befürworten das allerdings nur Erichsen, Jura 1984, 644ff. (passim); Finkelnburg/*Jank*, Rn. 266, 283; Kopp, VwGO, § 123 Rn. 19, und Schunck/De Clerck, § 123 Erl. 4 a; für eine Anwendung jedenfalls des § 83 Eyermann/Fröhler, § 123 Rn. 19. Zu den anwendbaren Vorschriften im einzelnen Erichsen (s.o.) und Finkelnburg/*Jank*, wie oben und Rn. 78, 95, 98, 284, 288, 315.

[8] Das bedeutet andererseits nicht, daß das Gericht darüber einfach hinweggehen dürfte; vgl. § 86 Abs. 2 und statt vieler Eyermann/Fröhler, § 86 Rn. 3, 17, 19; Kopp, VwGO, § 86 Rn. 14f.; Redeker/von Oertzen, § 86 Anm. 9.

Klarstellungen und weiteren Erklärungen auch durch den Vorsitzenden oder den von ihm bestimmten Berichterstatter aufgefordert werden[9]. Bei der Zusammenstellung des Sachverhalts bleibt das Gericht also zunächst mehr im Hintergrund, indem es die Beteiligten lediglich dazu anhält, die Streitsache zu präzisieren und — soweit möglich — Beweis anzutreten, mithin selbst den entscheidungserheblichen Tatsachenstoff zusammenzutragen[10]. Die „Erforschung" des Sachverhalts von Amts wegen könnte daher darin bestehen, herauszufinden, welche der von den Beteiligten aufgestellten Behauptungen zutreffen. Das Gericht wäre dann durch § 86 Abs. 1 nur zur Feststellung der Wahrheit dieses Tatsachenvortrags verpflichtet[11].

Diese enge Interpretation entspricht aber nicht dem Gesetz. Schon nach dessen Wortlaut soll das Gericht „den" Sachverhalt, nicht aber nur die Wahrheit des tatsächlichen Vorbringens der Beteiligten erforschen. Zudem ist es gemäß § 86 Abs. 1 S. 2 an dieses Vorbringen nicht gebunden. Das kann nur so zu verstehen sein, daß das Gericht im Lauf des Verfahrens eben auch weitere entscheidungserhebliche Tatsachen ermitteln darf (und muß), die dem Vortrag der Beteiligten nicht unbedingt entsprechen müssen, ihm sogar entgegenstehen können[12]. § 108 Abs. 2 bestätigt das: Wenn danach das Urteil nur auf Tatsachen und Beweisergebnisse gestützt werden darf, zu denen die Beteiligten sich äußern konnten, setzt das auch voraus, daß das Gericht Tatsachen in Erfahrung bringen kann, die weder der Kläger noch der Beklagte vorgetragen haben.

Daraus ergibt sich folgendes *Zwischenergebnis*: Gemäß § 86 Abs. 1 soll das Gericht das tatsächliche Geschehen feststellen, das dem Rechtsstreit zugrundeliegt. Dazu fordert es die Beteiligten zunächst auf, den Streitstoff soweit wie möglich zu präzisieren (§§ 82 Abs. 2; 85; 86 Abs. 3-5; 87), wozu auch die Vorlage der Behördenakten gemäß § 99 gehört[13]. Soweit erforderlich[14], muß das Gericht

---

[9] Zur mündlichen Verhandlung selbst §§ 101; 103; 104; zur Beweisaufnahme, die auch die Vernehmung der Beteiligten umfassen kann, §§ 96; 98.

[10] Zu dieser „Arbeitsteilung" hier nur Martens, 65ff., 131ff.; vgl. auch Berg, 39.

[11] So offenbar Quaritsch, VerwArch 51 (1960), 342 (371); Ule, DVBl. 1954, 137 (143f., 146) - vgl. demgegenüber Verwaltungsprozeßrecht, § 26 II. Nach Ansicht von Lang, VerwArch 52 (1961), 60 (79, 89ff.); 175 (185ff.) ist die Überprüfung der vorgetragenen Tatsachenbehauptungen auf ihre Übereinstimmung mit der Wirklichkeit in der Praxis die eigentliche Domäne des Untersuchungsgrundsatzes.

[12] Dazu nur BVerwG Buchholz 310 § 86 VwGO Nr. 111, 147, 152.

[13] Redeker / von Oertzen, § 86 Anm. 9; vgl. auch Kopp, VwGO, § 99 Rn. 1ff.

[14] Das ergibt sich aus dem Vorbringen der Beteiligten und den Behördenakten; vgl. Berg, 39, 43; Grunsky, Grundlagen, § 19 II; Kopp, VwGO, § 86 Rn. 4, 11; Lüke, JuS 1961, 41 (43); Martens, 131ff.

Es kann hier dahinstehen, ob §§ 82 Abs. 2; 85; 86 Abs. 3-5; 87 gegenüber § 86 Abs. 1 eigenständige verfahrensrechtliche Bedeutung haben — so etwa Eyermann / Fröhler, § 86 Rn. 23ff.; Kopp, VwGO, § 86 Rn. 22ff. (jeweils für § 86 Abs. 3); § 87 Rn. 1; Redeker / von Oertzen, § 86 Anm. 17 (für Abs. 3); § 87 Anm. 1; Lang, VerwArch 52 (1961), 60 (78f.); vgl. auch BVerwG DVBl. 1984, 1005 (1007) mit Nachweisen — oder ob sie nur als unselbständige Ausprägungen des (umfassend verstandenen) Untersuchungsgrundsatzes aber auch selbst recherchieren oder Beweismittel heranziehen, die keiner der Beteiligten angeboten hat[15].

Ein Vergleich mit dem im Zivilprozeß geltenden Beibringungs- oder Verhandlungsgrundsatz, der oft der Untersuchungsmaxime gegenübergestellt wird[16], bestätigt diese Auslegung, verdeutlicht aber darüber hinaus die Bedeutung des § 86 Abs. 1 S. 2. Der Grundsatz ist in der Zivilprozeßordnung nicht als solcher normiert. Er wird aber ganz allgemein so verstanden, daß das Gericht eine Entscheidung nur aufgrund derjenigen Tatsachen treffen darf, die durch die Tätigkeit der Parteien zum Gegenstand des Prozesses gemacht worden sind. Die Pflicht der Parteien, den entscheidungserheblichen Tatsachenstoff in den Prozeß einzuführen (vgl. §§ 130 (insbesondere Nr. 3); 138 Abs. 1, 2 ZPO), und ihre Verantwortlichkeit für die Beweisführung (dazu nur §§ 130 Nr. 5; 282 Abs. 1 ZPO)[17] sind daher noch nicht spezifisch auf die Geltung des Beibringungsgrundsatzes zurückzuführen; ähnliche Pflichten bestehen gemäß §§ 82 Abs. 1; 85 ja auch im Verwaltungsprozeß. Ausdruck des Beibringungsgrundsatzes sind aber vor allem §§ 138 Abs. 3; 288 Abs. 1; 313 Abs. 2 ZPO[18]: nach ihnen ist das Gericht an übereinstimmenden Vortrag der Parteien gebunden; es darf Tatsachen, die von ihnen nicht behauptet worden sind, für seine Entscheidung auch nicht berücksichtigen. Eine § 108 Abs. 2 vergleichbare Vorschrift ist also überflüssig — und fehlt dementsprechend auch. Also besagt der Beibringungsgrundsatz, daß letztlich die Parteien über die tatsächliche Grundlage der Entscheidung des

zu verstehen sind; so offenbar Baur, Richterliche Hinweispflicht, 43, 44f. (für das Verfahren vor den Sozialgerichten); ders., Studien, 38; Grunsky, Grundlagen, § 18 I — vgl. aber § 19 II; Klinger, § 86 Erl. B 1; Kopp, VwGO, § 86 Rn. 5, 15; Kropshofer, 28, 48, 62ff., 69; Marx, 108, 113f., 224 (und passim jedenfalls erschließbar); Redeker, Staatsbürger und Staatsgewalt II, 475 (480ff.); Schunck / De Clerck, § 86 Erl. 1 a aa; b aa, bb; 3 a; Tietgen, Gutachten, 7ff. (10); Tschira / Schmitt Glaeser, 290. Unklar Redeker / von Oertzen, § 86 Anm. 9 gegenüber Anm. 17.

[15] So Berg, 37ff. (39), 42ff.; Bopp, 5-7, 35, 47f.; Grunsky, Grundlagen, § 19 II, III, IV; ders., JuS 1977, 217 (221); Klinger, § 86 Erl. A 1; Koehler, § 86 Erl. A II 1 a; Maetzel, DÖV 1966, 520 (521); Rupp, AöR 85 (1960), 149 (189f.); Tschira / Schmitt Glaeser, 288; Ule, Verwaltungsprozeßrecht, § 26 II. Vgl. auch BVerwG Buchholz 310 § 86 VwGO Nr. 5, 111 sowie NJW 1956, 604; DVBl. 1980, 593 (594). Ob und inwieweit die Rechtsprechung Grenzen für den Umfang der Ermittlungen entwickelt hat, kann hier dahinstehen; dazu Kopp, VwGO, § 86 Rn. 5-7, 12; Redeker / von Oertzen, § 86 Anm. 10, 11; Redeker, DVBl. 1981, 83ff. und kritisch Berg, 42ff., 51ff.; Kropshofer, 36ff., 62ff.; Marx, 92ff.

[16] Statt vieler: Eyermann / Fröhler, § 86 Rn. 1; Kopp, VwGO, § 86 Rn. 1; Schunck / De Clerck, § 86 Erl. 1 a aa. Daß jedenfalls in der Praxis vielerlei Abschwächungen und Ausnahmen den Gegensatz vermindern, wird allerdings auch von ihnen eingeräumt; hierzu zusätzlich noch Grunsky, Grundlagen, § 19 I, und Tietgen, Gutachten, 8-10. Gegen die Annahme eines Gegensatzpaares Grunsky, Grundlagen, § 18 I a. E.; Lang, VerwArch 52 (1961), 60 (63ff., 69 und passim), 175 (185ff.). Kritisch auch Martens, 133 mit Fn. 6.

[17] Sie ist allerdings durch §§ 142; 143; 273 Abs. 2 Nr. 1, 2; 144; 448 ZPO abgeschwächt. Zu weiteren Ausnahmen Baumbach / Lauterbach, Grundzüge vor § 128 Erl. 3 D; Stein / Jonas / Leipold, Vorbemerkung vor § 128, Rn. 78; Zettel, 140-142 (zusammenfassend).

[18] Vgl. Jauernig, § 25 IV; Zettel, 32ff. (37ff.).

Gerichts bestimmen können[19]. Das können sie im Verwaltungsprozeß gerade nicht. Denn wenn hier das Gericht den Sachverhalt von Amts wegen erforscht, ohne an Vorbringen und Beweisanträge der Beteiligten gebunden zu sein, ist damit auch eine Grenze für die Befugnisse der Beteiligten bei der Feststellung des Sachverhalts markiert. Weder übereinstimmender Vortrag noch (willkürlicher) Verzicht auf Tatsachenvortrag oder Beweiserhebungen entbinden das Gericht von seiner Aufgabe, sich Klarheit über den Sachverhalt zu verschaffen, über den es entscheiden soll. Aus § 86 Abs. 1 S. 2 folgt also die Unabhängigkeit des Gerichts von dem prozessualen Verhalten der Beteiligten, folgt seine Alleinverantwortung für die Feststellung des Sachverhalts[20].

Der Regelungsbereich des § 920 Abs. 2 ZPO ist nach alledem mit demjenigen des § 86 Abs. 1 offenbar gar nicht deckungsgleich. Beim Wort genommen, ordnet § 920 Abs. 2 ZPO zwar an, daß der Antragsteller seine tatsächlichen Behauptungen in der Antragsschrift glaubhaft zu machen hat. Zusätzliche gerichtliche Aufklärungstätigkeit ist damit allein jedoch nicht ausgeschlossen. Schon gar nicht folgt daraus, daß das Gericht seiner Entscheidung im Eilverfahren ausschließlich die (glaubhaften) tatsächlichen Behauptungen des Antragstellers zugrundelegen darf. Im Zivilprozeßrecht ergibt sich das erst aus § 294 Abs. 2 ZPO im Zusammenhang mit der auf dem Beibringungsgrundsatz beruhenden Verantwortlichkeit der Parteien für die Bestimmung der tatsächlichen Entscheidungsgrundlage. Auf § 294 ZPO verweist § 123 Abs. 3 aber nicht ausdrücklich, sondern allenfalls mittelbar über § 920 Abs. 2 ZPO. Unabhängig davon, daß die entsprechende Anwendung dieser Vorschrift einer besonderen Begründung bedarf (§ 173!), stellt sich daher die Frage, ob sie die grundsätzliche Verantwortlichkeit des Gerichts für die Bestimmung der Tatsachengrundlage der Entscheidung überhaupt aufheben könnte. Das kann nach den bisherigen Feststellungen nur noch unter der Voraussetzung bejaht werden, daß mit der Verweisung auf die in § 123 Abs. 3 genannten Vorschriften gerade eine Ausnahme von der Geltung des § 86 Abs. 1 statuiert werden sollte. Anderenfalls bleibt es bei der Unabhängigkeit des Gerichts von den Beteiligten und kommt die entsprechende Anwendung des § 294 Abs. 2 ZPO im Anordnungsverfahren nicht in Betracht.

Die Geltung des Untersuchungsgrundsatzes hängt also nach alledem zunächst von der Bestimmung des Zwecks des § 123 Abs. 3 ab. Steht dieser Zweck der Geltung des § 86 Abs. 1 nicht entgegen, muß aber noch geprüft werden, ob

---

[19] Diese „Wendung gegen den Richter" betont vor allem Brüggemann, 90, 107, 118-120. Zum Beibringungsgrundsatz Baumbach / Lauterbach, Grundzüge vor § 128, Erl. 3 C; Grunsky, Grundlagen, §§ 18 I, 19 I; Jauernig, § 25 III 2, IV 1, 2; Rosenberg / Schwab, § 78 I 1, II; Stein / Jonas / Leipold, Vorbemerkung vor § 128, Rn. 75ff.; Thomas / Putzo, Einl. I 1 a aa und Vorbemerkung § 253, Erl. IV A 1; Wieczorek, § 128 Erl. B III a, d 1; Zettel (Fn. 18).

[20] Kropshofer, 28, 67f., 69; Maetzel, DÖV 1966, 520 (vgl. auch 527); Rupp, AöR 85 (1960), 149 (191); kritisch gegenüber dieser negativen Abgrenzung zum Beibringungsgrundsatz Lang, VerwArch 52 (1961), 60 (64, 68 — vgl. andererseits aber 191).

die § 86 Abs. 1 zugrundeliegenden Motive auch im Anordnungsverfahren von Bedeutung sind.

(2) Sinn und Zweck des § 123 Abs. 3 VwGO

(a) Die Vorgeschichte des § 123 VwGO

Erste Anhaltspunkte können sich aus den Intentionen ergeben, die die gesetzgebenden Körperschaften mit der Verweisung auf die Vorschriften der Zivilprozeßordnung verfolgten. Sie sind möglicherweise den Gesetzesmaterialien zu entnehmen oder lassen sich aus der rechtlichen Ausgangslage vor Inkrafttreten der Verwaltungsgerichtsordnung erschließen.

(aa) Die amtliche Begründung zu § 122 EVwGO[21], der im wesentlichen die heutige Regelung des § 123 vorsah, ist insoweit allerdings äußerst knapp ausgefallen. Im Schwerpunkt wird die Übernahme der einstweiligen Verfügung des Zivilprozeßrechts in den Verwaltungsprozeß gerechtfertigt und zum vorläufigen Rechtsschutz gemäß § 81 EVwGO (§ 80 VwGO) abgegrenzt. Paßten die Verfasser des Entwurfs die Terminologie noch dem öffentlichen Recht an, so meinten sie bezüglich der Voraussetzungen des Verfahrens „weitgehend" auf die Zivilprozeßordnung Bezug nehmen zu können, ohne darauf im einzelnen näher einzugehen. Auch aus dem Aufbau und Methodik des Gesetzentwurfs betreffenden Abschnitt C des Allgemeinen Teils der Begründung[22] geht der Beweggrund für die spezielle Verweisung in § 123 Abs. 3 nicht eindeutig hervor. Denn danach wurden einzelne Vorschriften der Zivilprozeßordnung entweder um des Zusammenhangs der Vorschriften willen ausdrücklich für anwendbar erklärt, oder es sollte damit nur jeder Zweifel an ihrer Anwendbarkeit ausgeschlossen werden. Welches der beiden Motive nun (einerseits) § 123 Abs. 3 zugrundeliegt und was (andererseits) aus der Anwendbarkeit des § 920 Abs. 2 ZPO konkret folgen soll, ergibt sich weder daraus noch aus der Begründung zu § 122 EVwGO.

Bemerkenswert ist allerdings, daß auch für das Anordnungsverfahren die Geltung des Untersuchungsgrundsatzes offenbar vorausgesetzt wurde. Nach Ansicht der Entwurfsverfasser soll es sich nämlich, auch wenn es wegen der „Inquisitionsmaxime" (§ 87 Abs. 1 EVwGO)[23] eine Beweislast „als solche" nicht gebe, im Anordnungsverfahren doch zu Ungunsten des Antragstellers auswir-

---

[21] BT-Ds. 3/55, 44. Der Entwurf einer Verwaltungsgerichtsordnung wurde am 15. 4. 1953 von der Bundesregierung mit Begründung sowie einer Stellungnahme und Änderungsvorschlägen des Bundesrats dem Bundestag vorgelegt (BT-Ds. 1/4278), sowohl in der ersten wie auch in der zweiten Wahlperiode (BT-Ds. 2/462 vom 12. 4. 1954) aber nicht verabschiedet. Das geschah erst in der dritten Wahlperiode (vgl. Niederschrift über die 89. Sitzung, Stenografische Berichte, 4816ff.).

[22] BT-Ds. 3/55, 26.

[23] Gemeint ist damit der Untersuchungsgrundsatz, der in der Begründung des Gesetzes lapidar als „seit jeher bewährte(r) allgemeine(r) Verfahrensgrundsatz" bezeichnet wurde (BT-Ds. 3/55, 40).

ken, wenn er eine Ungewißheit über die Berechtigung des Anspruchs nicht ausräumen kann[24]. Diese Behauptung wird aber nicht mit § 920 Abs. 2 ZPO begründet.

Einen Widerspruch zwischen § 87 Abs. 1 EVwGO und §§ 122 Abs. 3 EVwGO, 920 Abs. 2 ZPO sahen die Verfasser des Entwurfs allerdings offensichtlich nicht. Auch für die gesetzgebenden Körperschaften war das Verhältnis dieser Normen zueinander kein Problem, denn § 122 Abs. 3 EVwGO war insoweit nicht Gegenstand der Beratungen[25].

Dafür gibt es zwei Erklärungsmöglichkeiten: Entweder war sich der Gesetzgeber der Möglichkeit dieses Spannungsverhältnisses einfach nicht bewußt — das deutet auf Oberflächlichkeit bei der Gesetzgebung. Oder § 122 Abs. 3 EVwGO war deshalb nicht problematisch, weil in § 920 Abs. 2 ZPO jedenfalls nicht die Anordnung einer dem Untersuchungsgrundsatz widersprechenden Beweisführungslast gesehen wurde. Diese Erklärung kann sich auf die Gesetzesbegründung stützen; ob sie zutrifft, wird ein Blick auf die Rechtslage vor Inkrafttreten der VwGO und die auf ihr beruhende Entscheidungspraxis der Gerichte zeigen.

(bb) Die Möglichkeit einer einstweiligen Anordnung sahen nach Kriegsende nur § 64 VGG Rheinland-Pfalz[26] und § 30 BVerwGG vor[27]. Beide Gesetze regelten das zum Erlaß der einstweiligen Anordnung führende Verfahren nicht selbst, verwiesen dafür aber auch nicht (wie § 123 Abs. 3) ausdrücklich auf bestimmte Vorschriften der Zivilprozeßordnung. Diese konnten nur insoweit

---

[24] BT-Ds. 3/55, 44.

[25] Der Rechtsausschuß schlug lediglich redaktionelle Änderungen der Abs. 3 und 4 vor und befürwortete eine Ergänzung um Abs. 5; vgl. Beratungen des Rechtsausschusses, 3. Wahlperiode, 49. Sitzung, Protokoll, 3-5; Schriftlicher Bericht vom 12. 5. 1959, BT-Ds. 3/1094 (zu § 122). Der Bundesrat wollte nur Abs. 5 angefügt wissen; so die Änderungsvorschläge vom 29. 11. 1957, Anlage 2 zu BT-Ds. 3/55. Im Bundestag wurde § 122 insoweit gar nicht beraten; vgl. Verhandlungen des Deutschen Bundestages, 3. Wahlperiode, Niederschriften über die 6., 85. und 89. Sitzung (Stenografische Berichte, 213f.; 4569 (4603); 4816 (4847).

[26] Landesgesetz über die Verwaltungsgerichtsbarkeit für Rheinland-Pfalz vom 14. 4. 1950 (GVBl. I, 103). § 64 lautete:
(1) Erscheint zur Abwendung wesentlicher Nachteile oder aus anderen Gründen die Regelung eines einstweiligen Zustandes erforderlich, so kann der Vorsitzende des Verwaltungsgerichts in Eilfällen eine einstweilige Anordnung erlassen.
(2) Anordnungen der in Abs. 1 bezeichneten Art sind dem Verwaltungsgericht alsbald vorzulegen. Bevor dieses über die Aufrechterhaltung, Abänderung oder Aufhebung Beschluß faßt, hat es die Beteiligten zu hören.

[27] Gesetz über das Bundesverwaltungsgericht vom 23. 9. 1952 (BGBl. I, 625). § 30 lautete:
(1) Das Bundesverwaltungsgericht kann im Streitfall auf Antrag einen Zustand durch einstweilige Anordnung vorläufig regeln, wenn dies zur Abwehr schwerer Nachteile, zur Verhinderung drohender Gewalt oder aus einem anderen wichtigen Grund zum gemeinen Wohl dringend geboten ist.
(2) Die einstweilige Anordnung kann ohne mündliche Verhandlung ergehen.
(3) … (5).

ergänzend herangezogen werden, als die grundsätzlichen Unterschiede von Zivil- und Verwaltungsprozeß es zuließen[28]. Und obgleich die in § 52 VGG Rheinland-Pfalz, § 38 BVerwGG normierte Pflicht des Gerichts, den Sachverhalt von Amts wegen zu erforschen, als grundlegende Besonderheit des Verwaltungsprozesses angesehen wurde[29], sah man im Schrifttum darin kein Hindernis, die Verfahrensvorschriften der Zivilprozeßordnung über den Arrest sinngemäß anzuwenden und eine Glaubhaftmachung des Anspruchs, der Gefährdung und des Eilfalles gemäß § 920 Abs. 2 ZPO für erforderlich zu halten[30].

In den übrigen Ländern wurde vorläufiger Rechtsschutz ausdrücklich nur in Anfechtungssachen durch den Suspensiveffekt der Rechtsbehelfe und die Befugnis des Verwaltungsgerichts gewährt, die von der Behörde angeordnete oder in Streitigkeiten über öffentliche Abgaben und Kosten ohnehin vorgesehene Vollziehung des angefochtenen Verwaltungsakts nach Erhebung der Anfechtungsklage auszusetzen (§ 51 VGG bzw. — in der britischen Zone — MRVO Nr. 165)[31]. Zwar zählten gemäß § 35 Abs. 2 VGG zu den Anfechtungssachen auch Klagen gegen die Unterlassung einer beantragten Amtshandlung[32], so daß dem Wortlaut nach vorläufiger Rechtsschutz nur für die sogenannten Parteistreitigkeiten (§ 85 VGG) nicht vorgesehen war. Aber die Aussetzung der Vollziehung ist für die Unterlassung einer Amtshandlung schon begrifflich kaum denkbar, und eine — wenn auch nur vorläufige — positive Regelung konnte dadurch erst recht nicht erreicht werden[33]. Im Bereich der auf eine Leistung oder Handlung der Behörde zielenden Begehren gab es also keine Möglichkeit effektiven vorläufigen Rechtsschutzes. Diese Lücke wurde nur sehr zögernd durch die Übernahme der einstweiligen Verfügung aus der Zivilprozeßordnung geschlossen[34].

---

[28] § 37 VGG Rheinland-Pfalz; § 26 BVerwGG; dazu Schunck / De Clerck, BVerwGG, Erl. zu § 26.

[29] Schunck / De Clerck, VGG, § 37 Erl. 2; dies., BVerwGG, § 26 Anm. 1; für die übrigen Länder der amerikanischen Besatzungszone Eyermann / Fröhler, VGG, § 34 Anm. 1 b. Kritisch dazu und gegenüber der Frage nach „grundsätzlichen" Unterschieden der Verfahrensordnungen überhaupt Menger, System, 81 ff.

[30] Schunck / De Clerck, VGG, § 64 Erl. 1, 4; dies., BVerwGG, § 30 Anm. 1, 4; vgl. auch die Aufzählungen der nicht anwendbaren Normen der ZPO in den Nachweisen oben Fn. 29 - §§ 916 ff. ZPO werden nicht genannt.

[31] Bayern: Gesetz Nr. 39 vom 25. 9. 1946 (GVBl. 281) i. d. F. vom 30. 9. 1949 (GVBl. 258); Bremen: Gesetz vom 5. 8. 1947 (GBl. 171); Hessen: Gesetz vom 31. 10. 1946 (GVBl 194) i. d. F. der Bekanntmachung vom 30. 6. 1949 (GVBl. 137); Württemberg-Baden: Gesetz Nr. 110 vom 16. 10. 1946 (RegBl. 221); Britische Zone: Verordnung Nr. 165 der Militärregierung Deutschland, ABl. MilReg. 1948, 799.

[32] Für die MRVO Nr. 165 ergibt sich das aus dem Zusammenhang der §§ 44 Abs. 1, 51 Abs. 1 (Einspruch mit aufschiebender Wirkung auch gegen Unterlassung einer Amtshandlung).

[33] Kritisch gegenüber dieser Regelung Bachof, NJW 1949, 328 f.; ders., Die verwaltungsgerichtliche Klage, 44; Klein, DVBl. 1950, 200 (201).

Aufgrund dieser unterschiedlichen gesetzlichen Ausgangslage stand in der Spruchpraxis der Gerichte, aber auch im Schrifttum mehr die Frage nach der grundsätzlichen Zulässigkeit der einstweiligen Verfügung im Vordergrund als diejenige nach dem dafür geltenden Verfahrensrecht[35]. Die Gerichte tendierten aber zu einer entsprechenden Anwendung der Verfahrensvorschriften der Zivilprozeßordnung, ohne dies allgemein oder für § 920 Abs. 2 ZPO speziell näher zu begründen — obwohl durchweg der Untersuchungsgrundsatz galt (§§ 63 VGG bzw. 52 VGG Rheinland-Pfalz; 61 MRVO 165)[36]. Das mag unter anderem die Vorlage des Entwurfs einer Verwaltungsgerichtsordnung bewirkt haben, der seit 1953 zur Debatte stand[37]. Die Bedeutung der Pflicht, Anordnungsanspruch und Anordnungsgrund glaubhaft zu machen, ergibt sich aber auch aus diesen Entscheidungen — ähnlich wie aus der heutigen Rechtsprechung — nicht eindeutig.

Entweder lassen die Entscheidungsgründe nicht erkennen, ob die ihnen zugrundeliegenden Erkenntnisse auf Ermittlungen des Gerichts beruhen[38], oder die Gerichte folgen dem Muster der Zivilprozeßordnung und sehen etwa die Tatsache als bedeutsam an, daß der Vortrag der Antragsgegnerin unwidersprochen geblieben ist[39]. Oder sie halten Ermittlungen ihrerseits grundsätzlich für

---

[34] Rechtsgrundlage war § 34 VGG, der § 37 VGG Rheinland-Pfalz und § 26 BVerwGG im wesentlichen entsprach. Im Schrifttum wurde zunächst nur die entsprechende Anwendung der materiell-rechtlichen Bestimmungen befürwortet; so etwa Bachof, NJW 1949, 328 (329); Klein, a. a. O.; dagegen z. B. Eyermann / Fröhler, VGG, § 51 Anhang I 2. Im Geltungsbereich der MRVO Nr. 165 fehlte eine den §§ 34/37 VGG entsprechende Vorschrift, so daß hier die Gerichte die Übernahme der einstweiligen Verfügung noch zusätzlich zu rechtfertigen hatten. Zu alledem noch Bachof, Die verwaltungsgerichtliche Klage, 44, 52; Klein (Fn. 33) m. w. N. und 202, 203 f.; Klinger, VGG, § 51 Erl. B 9 m. N. Aus der Rechtsprechung beispielhaft VGH Württemberg-Baden, NJW 1949, 838 (m. Anm. von Bachof) — für Zulässigkeit der e. V.; BayVGH VerwRspr. 1949, Nr. 39 — gegen ihre Zulässigkeit. Weitere Nachweise bei Quaritsch, VerwArch 51 (1960), 210 f. (212 Fn. 1, 2) und Rohmeyer, 56 ff. (insbes. Fn. 157-159, 166).

[35] Vgl. nur OVG Münster DVBl. 1956, 53 (54) — einstweilige Verfügung jedenfalls bei vermögensrechtlichen Ansprüchen aus dem Beamtenverhältnis zulässig — und VerwRspr. 9, 562 (567 f.); OVG Lüneburg OVGE 11, 503 ff. — für den Geltungsbereich der MRVO Nr. 165; BayVGH VerwRspr. 12, 889-891; HessVGH ESVGH 5, 226 (227); VGH Württemberg-Baden NJW 1949, 838; für das Saarländische VGG OVG Saarland DÖV 1958, 423 f.

[36] So BayVGH BayVBl. 1956, 187 (188); HessVGH ESVGH 5, 226 (227 f.); 8, 22 (23); LVG Düsseldorf MDR 1957, 574 f.; offenbar auch VGH Württemberg-Baden ESVGH 8, 17 (18); OVG Münster OVGE 11, 2 (4); 13, 119 (121); MDR 1958, 370; DVBl. 1958, 66 (68) = NJW 1958, 354 (356); DVBl. 1959, 289.

[37] Zum Teil orientierten sich die Gerichte ausdrücklich an den darin vorgesehenen Regelungen; so OVG Lüneburg OVGE 11, 503 (509, 511); NJW 1959, 1196 (1197); OVG Münster OVGE 11, 2; DVBl. 1956, 53 (56); MDR 1958, 370; VerwRspr. 9, 562 (568).

[38] So z. B. VGH Württemberg-Baden ESVGH 8, 17 (18), wenn der Senat nach einer Würdigung des Vorbringens der Beteiligten ein Recht der Klägerin auf erneute Erteilung einer Droschkenverkehrsgenehmigung als glaubhaft ansieht; OVG Münster DVBl. 1959, 289.

zulässig[40], wollen aber zum Teil dem Antragsteller das Risiko anlasten, daß der Sachverhalt nicht aufgeklärt werden kann: da der Rechtsanspruch gemäß § 920 Abs. 2 ZPO wenigstens glaubhaft zu machen sei, treffe den Antragsteller der Nachteil der Beweislosigkeit[41]. Einzig das OVG Lüneburg hielt eine Übertragung zivilprozessualer Vorschriften für unangemessen und befürwortete stattdessen eine entsprechende Anwendung der für das Aussetzungsverfahren gemäß § 51 VGG entwickelten Grundsätze[42].

(cc) Der Gesetzgeber konnte seinen Entwurf einer Verwaltungsgerichtsordnung also weder auf einer einheitlichen Rechtslage noch auf einer klaren Rechtsprechung aufbauen. Angesichts dessen wollte er mit § 122 EVwGO vor allem die Zulässigkeit der einstweiligen Verfügung im Verwaltungsprozeß klarstellen. Dieses Anliegen kommt in der Begründung des Entwurfs ganz deutlich zum Ausdruck. Aus der engen Anlehnung an zivilprozeßrechtliche Vorschriften — so neben § 122 Abs. 3 EVwGO auch hinsichtlich der Formulierung der Tatbestandsvoraussetzungen, die von §§ 935, 940 ZPO (und nicht etwa von § 30 BVerwGG oder § 64 VGG Rheinland-Pfalz) übernommen wurden — kann demgegenüber nicht geschlossen werden, der Gesetzgeber habe eine Ausnahme vom Untersuchungsgrundsatz statuieren wollen. Der Verzicht auf eine eigene, den Besonderheiten des Verwaltungsprozesses entsprechende Verfahrensregelung muß nicht zur Folge haben, daß die Normen der Zivilprozeßordnung ohne Rücksicht auf diese Besonderheiten anzuwenden sind oder sie gar aufheben. Gesetzesmaterialien und Entstehungsgeschichte stützen vielmehr nur die Annahme, § 122 Abs. 3 EVwGO habe ebenfalls vorrangig dem Streit um die Anwendbarkeit der in Bezug genommenen Normen die Grundlage entziehen sollen[43].

Daß die Anwendung des § 920 Abs. 2 ZPO der Untersuchungsmaxime widersprechen kann, wurde trotz der Unklarheit in der Rechtsprechung offensichtlich nicht erkannt: § 122 Abs. 3 EVwGO blieb insoweit nicht nur über einen Zeitraum von 3 Wahlperioden inhaltlich unverändert, sondern war auch nicht einmal Gegenstand der Beratungen zumindest des Rechtsausschusses gewesen. Sah der Gesetzgeber andererseits die Geltung des § 86 Abs. 1 im Eilverfahren offenbar als selbstverständlich an[44], ist es durchaus berechtigt, ihm

---

[39] Z. B. VGH Baden-Württemberg VerwRspr. 11, 1031 (1033); HessVGH NJW 1959, 1940 (1941).

[40] So z. B. LVG Düsseldorf (Fn. 36); OVG Münster OVGE 11, 2 (4) unter ausdrücklichem Hinweis auf den Amtsermittlungsgrundsatz.

[41] OVG Münster (Fn. 40) und DVBl. 1958, 66 (68) = NJW 1958, 354 (356).

[42] OVG Lüneburg OVGE 11, 503 (512), begründet mit der Zweckgleichheit beider Verfahren. Im Ergebnis ähnlich HessVGH VerwRspr. 12, 118 (119); NJW 1959, 1940 (1941), der die zivilprozessualen Vorschriften durch die zu § 51 VGG entwickelten Grundsätze modifizierte. Zu diesen Grundsätzen noch beispielhaft VGH Württemberg-Baden ESVGH 6, 171 (172).

[43] Vgl. nochmals Allgemeiner Teil C der Begründung (BT-Ds. 3/55, 26).

[44] Begründung zu § 122 EVwGO, BT-Ds. 3/55, 44.

Gedankenlosigkeit vorzuwerfen[45], wenn er gleichwohl die Pflicht des Antragstellers normierte, Anordnungsanspruch und Anordnungsgrund glaubhaft zu machen, und sich im übrigen der Hoffnung hingab, die Praxis werde schon die zweckmäßigste Lösung finden[46]. Das ist ihr bis heute nicht gelungen. Daher muß es verwundern, daß § 138 EVwPO an der insoweit unklaren Rechtslage nichts ändert und in der Entwurfsbegründung wiederum die Bezugnahme auf § 920 Abs. 2 ZPO nicht weiter erläutert wird[47], die Denkpause des Gesetzgebers also auch nach mehr als 25 Jahren noch nicht ihr Ende gefunden hat.

(b) Der Zweck des § 123 Abs. 1 VwGO

Die Intentionen des Gesetzgebers für die Verweisung in § 123 Abs. 3 konnten aus den Gesetzesmaterialien und der Vorgeschichte des § 123 nicht ermittelt werden. Dann bleibt nur noch die Möglichkeit, den Zweck der Anwendung der Vorschriften der Zivilprozeßordnung über die Bestimmung des Zwecks der Regelung über die einstweilige Anordnung selbst zu erschließen.

Dieser Zweck ist mit der Formulierung, in Eilfällen sei nur alsbaldiger auch wirksamer Rechtsschutz gemäß Art. 19 Abs. 4 GG[48], nur ungenau und nahezu tautologisch beschrieben — „alsbald" kann ja unter günstigen Umständen auch eine endgültige Entscheidung ergehen. Dagegen folgt schon aus dem Wortlaut des § 123 Abs. 1, daß mit der „einstweiligen" Anordnung gerade nicht der Streitgegenstand abschließend geregelt, sondern nur Gefahren für die Verwirklichung eines Rechts aufgrund tatsächlicher Veränderungen vorgebeugt werden soll[49]. Tatsächliche Veränderungen können die Verwirklichung eines Rechts deshalb in Frage stellen, weil die durch sie geschaffenen Verhältnisse möglicherweise nicht oder nur sehr schwer wieder rückgängig gemacht werden können. Sind aber derart irreparable Zustände erst einmal eingetreten, nutzt dem Antragsteller eine spätere gerichtliche Entscheidung im Hauptsacheverfahren praktisch nichts mehr, denn aus tatsächlichen Gründen kann er das vom Gericht festgestellte Recht nicht mehr durchsetzen. Von einem effektiven Rechtsschutz könnte dann keine Rede sein.

Mithin soll die einstweilige Anordnung eine sinnvolle Durchführung des Hauptsacheverfahrens ermöglichen. Gesichert werden soll damit letztlich die Wirksamkeit des gerichtlichen Rechtsschutzes überhaupt. Die Zweckbestimmung des Anordnungsverfahrens kann daher darin gesehen werden, den aus Art. 19 Abs. 4 GG oder einzelnen, jeweils betroffenen Grundrechten folgenden Anspruch des Bürgers auf effektiven Rechtsschutz zu verwirklichen[50]. Diesem

[45] So Baur, Studien, 9 Fn. 5. Kritisch auch Finkelnburg/*Jank*, Rn. 139.

[46] BT-Ds. 3/55, 26.

[47] BT-Ds. 10/3437, 144.

[48] Finkelnburg, Rn. 4; genauer jetzt *Finkelnburg*/Jank, Rn. 5.

[49] Dazu oben 1; so auch Finkelnburg, Rn. 5.

Zweck dient zwar auch der „normale“ Verwaltungsprozeß. Während hier jedoch Rechtsstreitigkeiten durch die Feststellung der Rechtmäßigkeit oder Rechtswidrigkeit einer behördlichen Maßnahme oder eines Anspruchs abschließend geklärt werden, trifft das Gericht im Eilverfahren nur provisorische Maßnahmen, um die tatsächlichen Grundlagen der umstrittenen Rechte und Pflichten in einem eine sinnvolle Entscheidung über den Streitgegenstand in der Hauptsache ermöglichenden Zustand zu erhalten[51].

(c) Folgerungen

Aus dieser Zweckbestimmung ergibt sich die Notwendigkeit, im Anordnungsverfahren möglichst schnell, nämlich vor einer unter Umständen irreparablen Veränderung der tatsächlichen Verhältnisse, eine den Zeitraum bis zur Entscheidung im Hauptsacheverfahren überbrückende Zwischenregelung zu treffen. Die gesetzliche Regelung des Verfahrens muß also eine gegenüber dem normalen Prozeß beschleunigte Entscheidungsfindung ermöglichen. Das spricht dafür, § 920 Abs. 2 ZPO als Regel zur Beschleunigung des Erkenntnisverfahrens und die Glaubhaftmachung der entscheidungserheblichen Tatsachen durch den Antragsteller als Ersatz für die unter Umständen zeitraubende Ermittlungstätigkeit des Gerichts anzusehen.

Die an das Zivilprozeßrecht angelehnte Interpretation des Begriffs als Verpflichtung des Antragstellers, eine Entscheidung schon aufgrund der Antragsschrift zu ermöglichen, scheint also der Zweckbestimmung des Anordnungsverfahrens eher zu entsprechen als eine Interpretation unter Berücksichtigung der im Verwaltungsprozeß sonst geltenden Grundsätze — es sei denn, die Gründe für die Geltung dieser Besonderheiten wären auch im Eilverfahren von Bedeutung. Nur wenn die Gründe, die zur Geltung des § 86 Abs. 1 geführt haben, im Anordnungsverfahren irrelevant oder jedenfalls zu vernachlässigen sind, kann allein aus dem Zweck des § 123 Abs. 1 gefolgert werden, daß § 920 Abs. 2 ZPO den Untersuchungsgrundsatz verdrängt.

---

[50] Baur, Studien, 11; Bickel, DÖV 1983, 49 (50, 52); Finkelnburg/Jank, Rn. 1, 5, 22, 137; Grunsky, JuS 1976, 277 (278); Kopp, VwGO, § 123 Rn. 4; Leipold, 207 (allgemein auch 83f.); Redeker/von Oertzen, § 123 Anm. 1, 5; Rohmeyer, 78f.; vgl. auch 181, 183, 192; Wieseler, 171. Vgl. auch BVerfGE 46, 166 (178f.) — für Vornahmesachen allgemein — und Schenke in BK, Art. 19 Abs. 4, Rn. 412; Schmidt-Aßmann in Maunz/Dürig, Art. 19 Abs. 4, Rn. 273.

[51] Dementsprechend dürfen andererseits mit der Eilmaßnahme selbst nicht irreparable Tatsachen geschaffen werden; so Quaritsch, VerwArch 51 (1960), 216, 348; andere formulieren in diesem Zusammenhang, die Hauptsache dürfe nicht vorweggenommen werden; dazu nur Kopp, VwGO, § 123 Rn. 13 m. N.; Redeker/von Oertzen, § 123 Anm. 11f.

(3) Der Zweck des § 86 Abs. 1 VwGO

Zur Zeit der Verwaltungsrechtspflege, als nur die Prüfung der Rechtmäßigkeit behördlichen Handelns — letztlich also die Einhaltung des objektiven Rechts — Zweck des Verwaltungsstreitverfahrens und zudem noch „Selbstkontrolle" der Verwaltung war, konnte die Geltung des Untersuchungsgrundsatzes problemlos aus der Zugehörigkeit der Verwaltungsgerichte zur Verwaltung abgeleitet werden: für deren Tätigkeit galt er „selbstverständlich"[52]. Da die Verwaltungsgerichtsbarkeit gemäß Art. 92; 95 Abs. 1; 97 GG heute Teil der von der Verwaltung unabhängigen rechtsprechenden Gewalt ist, deren Aufgabe im Schutz und in der Durchsetzung der Rechte des einzelnen gegenüber der staatlichen Gewalt besteht[53], muß nach einer anderen Begründung gesucht werden[54]. Es liegt nahe, dabei an den Besonderheiten des Verwaltungsprozesses anzuknüpfen: Beruht ein Zivilrechtsstreit zweier Privatpersonen — jedenfalls nach dem der Zivilprozeßordnung und dem BGB zugrundeliegenden Denkmodell — auf einer nur an die Rechtsordnung gebundenen privatautonomen Gestaltung ihrer Rechtsverhältnisse, so erscheint das richterliche Urteil als Streitentscheidung, mit der vor allem über die (privaten) Interessen der Parteien befunden wird[55]. Nach diesem Denkmodell erscheint es als selbstverständlich, daß die Parteien des Zivilprozesses grundsätzlich selbst für die Beschaffung der tatsächlichen Grundlage dieser Streitentscheidung verantwortlich sind und durch ihr tatsächliches Vorbringen und ihr Verhalten das Gericht bei der Feststellung des Sachverhalts binden können — insofern findet die Privatautonomie des materiellen bürgerlichen Rechts ihre Entsprechung im Prozeßrecht[56]. Dagegen ist im Verwaltungsstreitverfahren — meist auf der Beklagtenseite — ein Träger öffentlicher Gewalt beteiligt, der einseitig rechtliche Regelungen

---

[52] Dazu vor allem Ule, Verwaltungsprozeßrecht, § 1 II, III 2 (a. E.) und DVBl. 1954, 137 (141 m. Fn. 42); s. auch Bopp, 107f.; Marx, 65ff.; Schenke in BK, Art. 19 Abs. 4, Rn. 7ff. Für die heutige Rechtslage Kopp, VwVfG, § 24 Rn. 1, 2; Pestalozza, 192f.; Schenke, Rn. 87; *Stelkens*/Bonk/Leonhardt, § 24 Rn. 2.

[53] Dazu nur Kopp, VwGO, § 1 Rn. 1, 11-13; Redeker, DVBl. 1981, 83 (84); Schenke (Fn. 52), Rn. 25; Schmidt-Aßmann in Maunz/Dürig, Art. 19 Abs. 4, Rn. 8; Ule, Verwaltungsprozeßrecht, § 1 I, III 2 und DVBl. 1954, 137 (141ff., insbes. 143).

[54] Sie fehlt in der Begründung des § 87 EVwGO; BT-Ds. 3/55, 49.

[55] So Redeker, Staatsbürger und Staatsgewalt II, 475 (477f.); Tietgen, Gutachten, 9; Ule, DVBl. 1954, 137 (139); offenbar auch Berg, 40, und Brüggemann, 70, 169, 172ff., der dieses zu pauschal und dichotomisch angelegte Bild aber differenziert, 45f., 51ff. (zusammenfassend 68f.), 151ff., 185ff. Aus historischer Sicht, ebenfalls differenziert, Bomsdorf, 242ff. (zusammenfassend 254-256), 258; Zettel, 152f., 177ff. Zur Privatautonomie im Zivilrecht und den Bindungen bei der Ausübung der Staatsgewalt Schmidt, Rn. 20-22. Trotz zahlreicher, durch Änderungen der ZPO bedingter Einschränkungen sind auch die Darstellungen im zivilprozeßrechtlichen Schrifttum von diesem Denkmodell geprägt; z. B. Baumbach/Lauterbach, Grundz. § 128 Erl. 3 A, D; Stein/Jonas /Leipold, Vorbemerkung vor § 128, Rn. 82; Thomas/Putzo, Einl. I 1 a.

[56] So Baumbach/Lauterbach, Grundz. § 128 Erl. 3 A, B; Grunsky, Grundlagen, §§ 3 II (2), 18 III; Tschira/Schmitt Glaeser, 287.

treffen und damit Rechte des Bürgers beeinträchtigen kann. Hier prüft das Gericht, ob die Behörde Rechte eines Bürgers verletzt hat — und zu diesem Zweck auch die objektive Rechtmäßigkeit staatlichen Handelns[57]. Also berührt die Entscheidung im Verwaltungsprozeß immer auch „öffentliche Interessen" — und darauf wird die Notwendigkeit umfassender und von den Beteiligten unabhängiger Sachaufklärung durch das Gericht gestützt.

Schon begrifflich fehlt es insoweit aber an der nötigen Präzision. Einerseits sollen *die* (betroffenen oder „auf dem Spiel stehenden") öffentlichen Interessen die Geltung des Untersuchungsgrundsatzes erfordern[58]. Damit sind offenbar die von der Behörde jeweils zugunsten des Gemeinwohls verfolgten Zwecke der Verwaltungstätigkeit gemeint. Andererseits wird — zum Teil auch von denselben Autoren — *das* öffentliche Interesse entweder am Gegenstand des Verfahrens[59] oder an der Richtigkeit der Entscheidung des Gerichts als Geltungsgrund angeführt[60]. Zum Teil wird in einer erst durch die Geltung des Untersuchungsgrundsatzes ermöglichten „richtigen" Entscheidung sogar das eigentliche Ziel des Verwaltungsprozesses gesehen[61]. Im übrigen bezwecke § 86 Abs. 1, eine auf Mangel an Sachkunde und Informationen beruhende Unterlegenheit des Bürgers gegenüber der Verwaltung auszugleichen; zumindest komme die richterliche Erforschung des Sachverhalts auch dem Bürger zugute und stelle die im Verwaltungsprozeß sonst nicht gegebene „Waffengleichheit" her[62].

---

[57] Die Sicherstellung der Rechtmäßigkeit behördlichen Handelns dient dem Individualrechtsschutz, ist also, anders als früher, nur Nebenzweck des Gerichtsverfahrens. So Grunsky, Grundlagen, § 1 III 1 b; Haverkämper, 82f.; Kropshofer, 48, 53, 58; Ule, Verwaltungsprozeßrecht, § 1 III 2. Offenbar als gleichwertig sehen beides an Lang, VerwArch 52 (1961), 60 (77); Schmidt-Aßmann (Fn. 53), Rn. 9; Tschira / Schmitt Glaeser, 286. Nicht ganz unmißverständlich meint Brüggemann, 168, die Untersuchungsmaxime diene (nur) einer — als Prozeßziel unterstellten? — möglichst intensiven Kontrolle der Exekutive.

[58] Grunsky, Grundlagen, § 18 II; Haverkämper, 81, 83; Kropshofer, 53; Lüke, JuS 1961, 41 (43); Menger, Staatsbürger und Staatsgewalt II, 427 (434); Michael, 39; Schenke in BK, Art. 19 Abs. 4, Rn. 87; Ule, Verwaltungsprozeßrecht, § 26 I; Zettel, 158; OVG Rheinland-Pfalz NJW 1978, 1455.

[59] Kropshofer, 55f.; Ule, DVBl. 1954, 137 (139); das meinen wohl auch Grunsky, Grundlagen, § 19 III, und Haverkämper, 81ff. Gegenstand des Verfahrens ist die rechtliche Beurteilung eines Eingriffs oder Anspruchs, damit aber wiederum auch die Kontrolle der Erfüllung von Verwaltungsaufgaben durch die Behörden — inhaltlich besteht also zu der soeben dargestellten Auffassung kein Unterschied.

[60] So insbesondere Kopp, VwGO, § 86 Rn. 1; VwVfG, § 24 Rn. 1; Michael, 39; Tschira / Schmitt Glaeser, 288; offenbar auch Haverkämper, 83, und Marx, 61f., 89f. (der andererseits (15) die Begründung der Untersuchungsmaxime mit einem abstrakten „öffentlichen Interesse" kritisiert).

[61] Lang, VerwArch 52 (1961), 60 (66f.); Ule, Verwaltungsprozeßrecht, § 26 I; wohl auch Brüggemann, 167. Das wird meist damit umschrieben, daß der Untersuchungsgrundsatz die Feststellung der „materiellen" Wahrheit ermögliche; so etwa Bopp, 114f.; Haverkämper, 83; Kropshofer, 53, 56; Lüke, JuS 1961, 41 (43); Ule (wie oben).

Damit ist der Grund für die Geltung des § 86 Abs. 1 noch nicht hinreichend genau beschrieben. Die Ansicht, mit der Ermittlungspflicht des Gerichts solle ein Informationsdefizit des Bürgers kompensiert werden, ist zudem fragwürdig. Zwar mag der einzelne Bürger, was die Kenntnis der tatsächlichen Voraussetzungen behördlicher Entscheidungen betrifft, der Verwaltung gegenüber im Nachteil sein. Das gilt namentlich dann, wenn es im Einzelfall auf besondere Sachkunde ankommt oder eine Vielzahl von Tatsachen festgestellt werden muß, also z. B. bei der Genehmigung technischer Anlagen und bei Planungsentscheidungen, aber auch für Leistungsansprüche[63]. Der für einen wirksamen Rechtsschutz erforderliche Ausgleich dieser Unterlegenheit im Prozeß hängt aber nicht spezifisch von der Geltung des § 86 Abs. 1 ab. Das zeigt sich schon daran, daß auch in Verfahren, in denen das Gericht den Sachverhalt nicht von Amts wegen erforscht, solche Wissenslücken der Parteien nicht zwangsläufig zu prozessualen Nachteilen führen. Im Zivilprozeß etwa kann der Kläger Tatsachen, die er nicht kennt, in den Fällen des § 138 Abs. 4 ZPO auch mit „Nichtwissen" behaupten; darüber hat sich der Gegner wahrheitsgemäß zu erklären (§ 138 Abs. 1; 2 ZPO), und der Vorsitzende kann gemäß § 139 Abs. 1 ZPO zu Ergänzungen und zum Beweisantritt auffordern. Über streitige, aber entscheidungserhebliche Behauptungen ist ohnehin Beweis zu erheben. Ähnliches gilt gemäß §§ 82 Abs. 1 S. 2, Abs. 2; 85 S. 2; 86 Abs. 3; 173 auch im Verwaltungsprozeß. Schon dadurch können Wissenslücken geschlossen und die tatsächlichen Angaben des Klägers ergänzt und auf ihre Wahrheit überprüft werden. Dazu sind zwar auch Ermittlungen des Gerichts geeignet, aber nur als eines von verschiedenen in Frage kommenden Mitteln. Dann ist es aber fragwürdig, in der Kompensation eines Informationsdefizits den eigentlichen Zweck des § 86 Abs. 1 zu sehen. Hinzu kommt, daß die Vorschrift im wesentlichen die Unabhängigkeit des Gerichts von dem Verhalten der Beteiligten normiert. Aufgrund ihrer Geltung ist den Beteiligten vor allem die Möglichkeit genommen, das Gericht zu veranlassen, tatsächliche Behauptungen ohne weitere Ermittlungen der Entscheidung zugrunde zu legen. Diese Unabhängigkeit garantiert aber allein noch nicht die Feststellung des wirklichen Sachverhalts oder der sogenannten materiellen Wahrheit[64] und damit einen wirksamen Ausgleich von Wissens-

---

[62] Haverkämper, 75ff., 80f., 87; Kropshofer, 61; Lüke (Fn. 61) — (als vorrangiger Zweck); Maetzel, DÖV 1966, 520 (527); Marx, 61 ff.; 81 ff., abgeschwächt — und daher insgesamt unklar — aber 89f.; Menger, Staatsbürger und Staatsgewalt II, 427 (434); Michael, 41 ff.; Schenke in BK, Art. 19 Abs. 4, Rn. 86; *Stelkens*/Bonk/Leonhardt, VwVfG, § 24 Rn. 2; Tschira/Schmitt Glaeser, 288; Ule, DVBl. 1954, 137 (140); Zettel, 158f. Allgemein zur „Waffengleichheit" Brüggemann, 174ff.

[63] Weitere Beispiele bei Marx, 76ff. (Sozialrecht), 83ff., und Michael, 41 ff.

[64] Kritisch gegenüber dem Begriffspaar „formelle"/„materielle" Wahrheit Berg, 37f.; Lang, VerwArch 52 (1961), 60 (64ff.); Stein/Jonas/Leipold, Vorbemerkung vor § 128, Rn. 84; zusätzlich noch Zettel, 41 (statt vieler). Auch für Brüggemann, 131, ist die „Ermittlung von Wahrheit" nichts anderes als „ihre Erhebung zur *Überzeugung* des Richters" (Hervorhebung nur hier). Dazu noch unten 3 b aa.

lücken. Ob das gelingt, ist letztlich von den Umständen des Einzelfalls abhängig. Ist es aber überzeugend, die Geltung des § 86 Abs. 1 auf einen Zweck zurückzuführen, für dessen Verwirklichung sie weder eine notwendige noch eine hinreichende Bedingung darstellt[65]?

Die Geltung des Untersuchungsgrundsatzes läßt sich gleichwohl auf die Aufgabe des Verwaltungsprozesses zurückführen, effektiven Individualrechtsschutz im Sinne von Art. 19 Abs. 4 GG zu gewährleisten. Die Verwaltungsbehörden dürfen nur dann den Bürger belastende oder ihn begünstigende Rechtsfolgen anordnen, wenn die jeweiligen Voraussetzungen dafür erfüllt sind — denn sie sind gemäß Art. 20 Abs. 3 GG an Gesetz und Recht gebunden. Ob aber ein gesetzlicher Tatbestand erfüllt ist, ob die Behörde Ermessen rechtmäßig ausgeübt hat oder ob sie selbst in zulässiger Weise Recht gesetzt hat, hängt wiederum jeweils von den tatsächlichen Verhältnissen des Einzelfalls ab. Hat die Behörde sie nicht zutreffend festgestellt, handelt sie rechtswidrig. Zu einem wirksamen Individualrechtsschutz gehört also die Prüfung, ob die tatsächlichen Voraussetzungen des behördlichen Handelns erfüllt sind. Könnten nun die Beteiligten, abgesehen von den ihnen sonst durch das Gesetz eingeräumten Dispositionsbefugnissen[66], die Feststellung der Tatsachen im Prozeß in einer das Gericht bindenden Weise beeinflussen oder dürfte das Gericht überhaupt nur ihr Vorbringen zur Grundlage seiner Entscheidung machen, wäre in Kauf genommen, daß eine Rechtsverletzung möglicherweise nur deshalb nicht aufgedeckt wird, weil das Gericht den zugrundeliegenden Sachverhalt nicht in allen erheblichen Einzelheiten kannte und auch nicht erkennen durfte. Dann wäre weder der Rechtsschutz effektiv noch dem Prinzip der Gesetzmäßigkeit der Verwaltung Genüge getan. Das § 86 Abs. 1 zugrundeliegende „öffentliche“ Interesse ist also das in Art. 20 Abs. 3 GG verankerte Gebot rechtmäßigen Handelns der Verwaltungsbehörden; die Wirksamkeit der gerichtlichen Kontrolle soll nicht durch eine Bindung an das (willkürliche) Verhalten der Prozeßbeteiligten in Frage gestellt werden können[67].

---

[65] Daher ist es m. E. auch fragwürdig, die Untersuchungsmaxime unter Hinweis auf die durch das Informationsdefizit des Bürgers bedingte „Waffenungleichheit“ für verfassungsrechtlich geboten zu halten; so etwa Haverkämper, 93f., und Marx, 89f.; vgl. auch Kropshofer, 49ff. (insbes. 61f.).

[66] Dazu statt vieler Kropshofer, 66f., und Ule, Verwaltungsprozeßrecht, § 1 III 2.

[67] Berg, 40, 41, vgl. auch 172; Kopp, VwGO, § 86 Rn. 1; ders., VwVfG, § 24 Rn. 1, 2; Kropshofer, 54, 60f.; Ule, Verwaltungsprozeßrecht, § 1 III 2 (a. E.); Lang, VerwArch 52 (1961), 60 (90); wohl auch Redeker, Staatsbürger und Staatsgewalt II, 475 (478); Schenke in BK, Art. 19 Abs. 4, Rn. 87; Schmidt-Aßmann in Maunz/Dürig, Art. 19 Abs. 4, Rn. 219; Tschira/Schmitt Glaeser, 286. Marx, 81, sieht darin auch einen (allerdings offenbar nachrangigen, 82) Grund für die Geltung des Untersuchungsgrundsatzes, nachdem er vorher (57) die Bedeutung des Art. 20 Abs. 3 GG insoweit nicht ganz zutreffend erkannt hat. Inhaltlich nichts anderes bedeutet die Rückführung des § 86 Abs. 1 auf das Postulat der Gerechtigkeit durch Haverkämper, 84f. (vgl. damit seine richtige und knappe Erkenntnis S. 87), und Kropshofer, 53.

Manche halten daher § 86 Abs. 1 für verfassungsrechtlich geboten[68]. Ob dem zu folgen ist und ob das auch für das Eilverfahren gilt, braucht allerdings erst dann erörtert zu werden, wenn sich nicht schon aus der Zweckbestimmung des § 86 Abs. 1 einerseits, des § 123 andererseits ableiten läßt, daß § 920 Abs. 2 ZPO den Untersuchungsgrundsatz hier nicht verdrängt.

(4) Das „öffentliche Interesse" an einer Erforschung des Sachverhalts von Amts wegen im Anordnungsverfahren

Der Grund für die Geltung des Untersuchungsgrundsatzes bestätigt offenbar die Deutung des § 920 Abs. 2 ZPO als einer das Gericht von seiner Ermittlungspflicht entbindenden Spezialvorschrift: Wird im Prozeß verbindlich darüber entschieden, ob die Behörde Rechte des einzelnen verletzt hat, soll die von den Beteiligten unabhängige Erforschung des Sachverhalts von Amts wegen die Gesetzmäßigkeit des Verwaltungshandelns sicherstellen. Zweck des Anordnungsverfahrens ist aber nicht die Feststellung von Rechtsverletzungen, sondern vorrangig die vorläufige Verhinderung irreparabler tatsächlicher Veränderungen. Ob eine dies bezweckende Zwischenregelung getroffen werden soll oder nicht, kann daher schon aufgrund von Zweckmäßigkeitsüberlegungen und einer Abwägung der einander gegenüberstehenden Interessen beurteilt werden[69]. Das materielle Recht wird dagegen im Hauptsacheverfahren durchgesetzt. Ist also nicht auch die Bindung der Verwaltung an Gesetz und Recht erst Thema des Hauptsacheverfahrens — und daher der Geltungsgrund des Untersuchungsgrundsatzes im Anordnungsverfahren ohne Bedeutung?

Dieser etwas voreiligen Schlußfolgerung kann zwar noch nicht überzeugend entgegengehalten werden, die gesetzlichen Voraussetzungen einer einstweiligen Anordnung seien auch am materiellen Recht orientiert. Sicher setzt die Feststellung einer Gefahr für die Verwirklichung eines Rechts erst einmal die Existenz eines Rechts voraus. Dennoch geht es im Eilverfahren selbst grundsätzlich noch nicht um die Durchsetzung des Rechts, sondern lediglich um die Sicherung seiner künftigen Verwirklichung[70]. Daraus ergibt sich aber jedenfalls

---

[68] So Haverkämper, 93f., 95f.; Hendrichs in von Münch, Art. 19 Rn. 53; Kropshofer, 48; Schenke (Fn. 67), Rn. 86; a.A. Schmidt-Aßmann in Maunz/Dürig, Art. 19 Abs. 4, Rn. 219.

[69] So für den einstweiligen Rechtsschutz grundsätzlich Leipold, 53f., 83ff. (88f.) — zu § 80 Abs. 5 VwGO 187ff.; zu § 123 VwGO 207ff.; für das Aussetzungsverfahren Limberger, 155ff. (vgl. auch das Ergebnis ihrer Zusammenfassung, 204f.); Ule, GewArch 1978, 73 (77f.) und unten Kapitel II 2 a.

Für eine Interessenabwägung entsprechend den zu § 80 Abs. 5 entwickelten Grundsätzen auch im Anordnungsverfahren Eyermann/Fröhler, § 123 Rn. 7; Kopp, VwGO, § 123 Rn. 29ff.; Obermayer, 883, 885; Quaritsch, VerwArch 51 (1960), 370f.; Scholler/Broß, Rn. 831; Tschira/Schmitt Glaeser, 179; jedenfalls hinsichtlich des Anordnungsgrunds auch Klinger, § 123 Erl. B 2, C 4 a, und Ule, Verwaltungsgerichtsbarkeit, § 123 Erl. II 2 = Verwaltungsprozeßrecht, § 67 II 2; differenzierend Finkelnburg/Jank, Rn. 169f.; 198ff. (insbes. 203f.).

mittelbar ein Zusammenhang mit dem Geltungsgrund des Untersuchungsgrundsatzes: Das Anordnungsverfahren ist insoweit auf das Verfahren in der Hauptsache bezogen, als mit Hilfe der einstweiligen Anordnung die Wirksamkeit der Entscheidung im nachfolgenden Hauptsacheverfahren sichergestellt werden soll. Das Ergebnis des Eilverfahrens entscheidet daher auch darüber, ob die gerichtliche Sachaufklärung im Hauptsacheverfahren ihren Zweck noch erfüllen kann. Denn eine Fehlentscheidung im Eilverfahren kann gerade diejenigen irreparablen tatsächlichen Veränderungen zur Folge haben, die durch die einstweilige Anordnung hätten verhindert werden können. Sind derartige Veränderungen aber erst einmal eingetreten, käme auch eine umfassende, von den Beteiligten unabhängige Aufklärung des Sachverhalts im Hauptsacheverfahren zu spät — und die Gesetzmäßigkeit des Verwaltungshandelns bliebe im Ergebnis ein bloß theoretisches Gebot. Die Gefahr einer Fehlentscheidung im Eilverfahren hängt aber maßgeblich von den Anforderungen an die Erkenntnis der tatsächlichen Verhältnisse im Einzelfall und von den dafür zur Verfügung stehenden Erkenntnisquellen ab. Das Risiko unzureichender Tatsachenfeststellungen wäre erhöht, dürfte das Gericht sich dabei nur auf das tatsächliche Vorbringen des Antragstellers und die von ihm beigebrachten Beweismittel stützen. Soll die Geltung des § 86 Abs. 1 im Hauptsacheverfahren also einen Sinn haben, muß die Gefahr einer unzureichenden Feststellung des Sachverhalts im Eilverfahren möglichst gering gehalten werden. Das Gebot der Gesetzmäßigkeit des Verwaltungshandelns, das der Geltung des Untersuchungsgrundsatzes im Hauptsacheverfahren zugrunde liegt, wirkt sich insoweit auch auf die Interpretation der für das Eilverfahren geltenden Vorschriften aus: Der Erkenntnisakt im Eilverfahren darf jedenfalls nicht solchen Regeln folgen, die im Ergebnis bewirken können, daß der Nutzen der späteren gerichtlichen Ermittlungstätigkeit in Frage gestellt ist. Das spricht dafür, eine Aufklärung des Sachverhalts von Amts wegen auch für das Eilverfahren zu fordern.

cc) Ergebnis

So sehr es also einerseits dem Eilcharakter des Anordnungsverfahrens entsprochen hätte, die Beweisführung allein dem Antragsteller aufzubürden, so wenig würde es andererseits dem Zweck des Eilverfahrens gerecht werden, in dem Verweis auf § 920 Abs. 2 ZPO die Anordnung einer Ausnahme von der Geltung des Untersuchungsgrundsatzes zu sehen. Vielmehr entspricht es sowohl dem Zweck des Anordnungsverfahrens als auch dem Grund für die Geltung des Untersuchungsgrundsatzes, § 86 Abs. 1 auch im Anordnungsverfahren entsprechend anzuwenden. Führt nämlich die Sachaufklärung im Hauptsacheverfahren zur Feststellung der das Begehren des Klägers stützenden Tatsachen, nachdem das Gericht im Eilverfahren auf eine Ermittlung des Sachverhalts und aufgrund dessen auf den Erlaß einer einstweiligen Anordnung verzichtet hatte,

---

[70] Dazu nochmals oben (2) (b) und — besonders klar — Finkelnburg/*Jank*, Rn. 22, 137.

erweisen sich Eilverfahren und Untersuchungsgrundsatz infolge der dadurch möglicherweise bewirkten irreparablen tatsächlichen Veränderungen gleichermaßen als nutzlos.

c) Ergebnis: Zusammenstellung der entscheidungserheblichen Tatsachen durch Glaubhaftmachung und Ermittlungen von Amts wegen

Die Geltung des Untersuchungsgrundsatzes bewirkt, daß das Gericht auch im Eilverfahren in eigener Verantwortung über den Sachverhalt entscheidet und insoweit von dem prozessualen Verhalten der Beteiligten unabhängig ist. Der „Glaubhaftmachung" von Tatsachen durch den Antragsteller kann daher eine Bedeutung nur in Ergänzung dieses Grundsatzes, nicht aber an seiner Stelle zukommen. Antragsteller und Gericht wirken also bei der Sammlung der entscheidungserheblichen Tatsachen zusammen. Damit verlagert sich der Schwerpunkt des Auslegungsproblems nunmehr auf die Frage, wie § 920 Abs. 2 ZPO einerseits, § 86 Abs. 1 andererseits nebeneinander anzuwenden sind, ohne daß es dabei zu Widersprüchen kommt. Zu klären ist, zugespitzt, welche Konsequenzen sich aus der Geltung des Untersuchungsgrundsatzes für die Interpretation des § 920 Abs. 2 ZPO im Rahmen des Anordnungsverfahrens ergeben. Denn erst nach dieser Klärung werden sich der Vorgang der Sachverhaltsfeststellung und die dabei zu beachtenden Anforderungen im einzelnen beschreiben lassen. Die Präzisierung der normativen Anforderungen an den Erkenntnisvorgang im Eilverfahren setzt ihrerseits jedoch zunächst Klarheit über das Ziel dieses Vorgangs voraus, also über die Anforderungen an die richterliche Erkenntnis selbst. Thema des folgenden Kapitels ist aus diesem Grund die Bedeutung des § 920 Abs. 2 ZPO für die zweite Stufe der Tatsachenfeststellung, in der der vorgebrachte oder ermittelte Tatsachenstoff auf seine Brauchbarkeit für die Entscheidung untersucht wird: für Beweiswürdigung und Beweismaß.

3. Freier „Glaube" statt freier Überzeugung? Die Bedeutung des § 920 Abs. 2 ZPO für Beweiswürdigung und Beweismaß

Tatsachenvortrag, Beweisführung und gerichtliche Ermittlungstätigkeit schaffen die Voraussetzungen für den Erkenntnisakt im gerichtlichen Verfahren. Mit der Feststellung, daß § 920 Abs. 2 ZPO in dieser Hinsicht die Normalverteilung der Verantwortlichkeiten zwischen den Beteiligten und dem Gericht nicht entscheidend verändert, ist daher noch nichts über die Bedeutung der Vorschrift für den Erkenntnisvorgang selbst ausgesagt. Ihre Regelungswirkung kann sich insoweit einmal auf die Art und Weise der Erkenntnisgewinnung beziehen (a) und zum anderen auf die Voraussetzungen, deren Erfüllung es dem Gericht gestattet, eine tatsächliche Behauptung des Antragstellers oder das Ergebnis eigener Ermittlungen der Entscheidung zugrundezulegen (b).

a) Freie Beweiswürdigung auch im Anordnungsverfahren

Gemäß § 108 Abs. 1 entscheidet das Gericht nach seiner freien, aus dem Gesamtergebnis des Verfahrens gewonnenen Überzeugung. Anders als der Zivilrichter — vgl. § 286 Abs. 1 ZPO — darf sich das Verwaltungsgericht infolge der Geltung des Untersuchungsgrundsatzes nicht damit begnügen, eine Überzeugung nur hinsichtlich der tatsächlichen Behauptungen des Antragstellers zu gewinnen[1]; wie der Zivilrichter ist es aber in der Beweiswürdigung frei, bei seiner Entscheidung, die tatsächliche Behauptung eines Beteiligten für wahr zu erachten oder Ergebnisse eigener Ermittlungstätigkeit bei der Feststellung des Sachverhalts zu verwerten, also nicht an bestimmte gesetzliche Regeln gebunden[2]. Daran ändert § 920 Abs. 2 ZPO nichts. Die Vorschrift selbst enthält keine Regel für die Einschätzung des Beweiswerts bestimmter Beweismittel, die im Rahmen der Beweiswürdigung zu beachten wäre, und auch aus der Erweiterung der zulässigen Beweismittel um die Erklärung an Eides Statt (§ 294 Abs. 1 ZPO) folgt nichts für die Bewertung ihres etwaigen Inhalts[3].

Etwas anderes ergibt sich auch nicht aus der Rechtsprechung des Bundesverwaltungsgerichts, das in einigen Entscheidungen zum Asylrecht in etwas mißverständlicher Weise eine „Glaubhaftmachung" der asylrechtsbegründenden Vorgänge außerhalb des Gastlandes gefordert hat und damit zum Ausdruck bringen wollte, daß der Beweiswert der Erklärungen des Asylsuchenden aufgrund der größeren Bedeutung, die diesen Erklärungen im Vergleich zu Bekundungen von Parteien im gerichtlichen Verfahren sonst zukommt, „wohlwollend zu beurteilen" sei[4]. Daraus läßt sich aber nicht folgern, das Erfordernis der Glaubhaftmachung erhöhe ganz allgemein die Beweiskraft des Vorbringens des Beteiligten, der etwas glaubhaft zu machen hat. Von einem solchen Verständnis des Begriffs ist das Bundesverwaltungsgericht auch nicht ausgegangen. Das Gericht wollte mit dieser Konstruktion vielmehr der typischen Beweisnot Rechnung tragen, in der sich der Asylsuchende befindet[5], und mit dem Begriff Glaubhaftmachung — den es ausdrücklich nicht im prozeßrechtlichen Sinn verwendet — nur eine Umschreibung dafür finden, daß der Richter, wenn anders eine Überzeugungsbildung nicht möglich ist, sich letztlich schlüssig

---

[1] Vgl. Kopp, VwGO, § 108 Rn. 2; Redeker/von Oertzen, § 108 Anm. 1.

[2] Dazu und zu den hier nicht interessierenden Einschränkungen dieses Grundsatzes Berg, 77f.; Kopp, VwGO, § 108 Rn. 4, 6; Redeker/von Oertzen, § 108 Anm. 3; Schunck/De Clerck, § 108 Erl. 2 d; Ule, Verwaltungsprozeßrecht, § 30 II 1; allgemein Grunsky, Grundlagen, § 43 I; Musielak/Stadler, Rn. 151 (und Rn. 132f.); Tietgen, Gutachten, 79f., 83ff.; historisch: Walter, 7ff. (2. Kapitel).

[3] Zum Wert eidesstattlicher Versicherungen Baumbach/Lauterbach, § 294 Erl. 3; Teplitzky, JuS 1981, 122 (125).

[4] So BVerwG DVBl. 1985, 956 (958) in Erläuterung früherer Entscheidungen; vgl. z.B. BVerwGE 55, 82 (86); 70, 169 (171).

[5] BVerwG DVBl. 1985, 956 (958).

werden müsse, „ob er dem Klager glaubt“[6]. Das mag in Fällen ähnlicher Beweisnot auch auf den Erkenntnisvorgang im Eilverfahren zu übertragen sein. Die Verwendung des Begriffs Glaubhaftmachung hat aber nicht zur Folge, daß den Bekundungen des Antragstellers generell ein stärkerer Beweiswert zukommt als dem Vorbringen der Beteiligten sonst auch. Daher bleibt es dabei: § 920 Abs. 2 ZPO regelt nicht die Frage, *wie* das Gericht die für die Entscheidung notwendige Überzeugung gewinnt; aus der Vorschrift kann allenfalls gefolgert werden, *welche* Überzeugung das Gericht gewinnen muß.

b) Die Erkenntnisanforderungen im Anordnungsverfahren

aa) Vom Erfordernis der „Glaubhaftmachung“ zum Begriff der (überwiegenden) Wahrscheinlichkeit

Daß für den Erlaß einer einstweiligen Anordnung als einer provisorischen Maßnahme nicht die gleichen Anforderungen an die Erkenntnis der entscheidungserheblichen Tatsachen gestellt werden können wie für eine abschließende richterliche Entscheidung, scheint banal zu sein — und erst recht nahezuliegen angesichts der Formulierung ihrer Voraussetzungen: hier ist — im Konjunktiv — nur von Besorgnissen die Rede, die die einstweilige Anordnung jeweils als nötig erscheinen lassen; Besorgnisse sind aber immer Mutmaßungen über künftige Geschehensabläufe und können daher nicht im eigentlichen Sinn festgestellt werden. Feststellen kann man allerdings Umstände des Einzelfalls, Tatsachen in der Gegenwart, die diese Besorgnis begründen. Und die Anforderungen an diese Feststellung soll — wie in Rechtsprechung und Schrifttum einhellig angenommen wird — § 920 Abs. 2 ZPO reduzieren: Weil die Tatsachen, die den zu sichernden Anspruch und den Anordnungsgrund begründen, nur „glaubhaft“ zu machen sind, soll es genügen, daß das Gericht ihr Vorliegen für „wahrscheinlich“ oder „überwiegend wahrscheinlich“ hält[7].

Das ist bemerkenswert, denn zunächst ist nicht ohne weiteres einsichtig, warum es auf „Wahrscheinlichkeit“ ankommen kann, wenn doch „Glaubhaftmachung“ gefordert ist. Wie also gelangen Gerichte und Autoren vom Erfordernis der Glaubhaftmachung zum Erfordernis der Wahrscheinlichkeit? Und in welcher Weise sind dadurch die Erkenntnisanforderungen reduziert? Um entscheiden zu können, ob dieser Deutung des § 920 Abs. 2 ZPO in Literatur und Rechtsprechung gefolgt werden kann, muß daher erst einmal eine Brücke vom Begriff der Glaubhaftmachung zu demjenigen der Wahrscheinlichkeit geschlagen werden.

---

[6] BVerwG (Fn. 5). In neuerer Zeit kommt das Gericht auch ohne diese verwirrende Begrifflichkeit aus; so z. B. BVerwG DÖV 1986, 612.

[7] Vgl. die Nachweise oben 1. Abschnitt, Kapitel II 1 (Fn. 17, 20; 29-31), 2 (Fn. 1-7).

(1) Beispiele aus der Rechtsprechung

Dazu zunächst aus der Rechtsprechung zwei Beispiele für die Verwendung der Begriffe.

Erstes Beispiel: zwei Fälle, in denen der VGH Baden-Württemberg mit jeweils gleichem Begründungsmuster Ausbildungsförderung nach dem Bundesausbildungsförderungsgesetz (BAföG) vorläufig gewährte[8]. Beide Male waren die gesetzlichen Voraussetzungen für eine Förderung grundsätzlich erfüllt und auch nicht zweifelhaft; nur hatte im ersten Fall die Antragstellerin die allgemeine Altersgrenze (§ 10 Abs. 3 BAföG), im zweiten Fall der Antragsteller die Höchstdauer der Förderung (§ 15 Abs. 2 BAföG) um ein Studiensemester überschritten. Es ging daher in beiden Fällen um die Frage, ob sich die Antragsteller auf eine Ausnahmevorschrift berufen konnten. Das Gericht nahm das an: Im ersten Fall hatte die Antragstellerin ihre Ausbildung nicht früher beginnen können, da sie den erforderlichen Umzug zum Ausbildungsort wegen des Gesundheitszustandes ihres Sohnes hatte verschieben müssen — diesen Verzögerungsgrund (§ 10 Abs. 3 Nr. 3 BAföG) hatte sie „unter Beweisantritt" angeführt, und er erschien dem Senat „glaubhaft"[9]. Im zweiten Fall hing der Förderungsanspruch davon ab, daß der Antragsteller die Förderungsdauer infolge eines Studiums im Ausland überschritten hatte, § 15 Abs. 3 Nr. 2 BAföG; der Senat bejahte dies, da bei durchschnittlich begabten Studenten ein Auslandsstudium eine entsprechend längere Studienzeit zur Folge habe und er bei „summarischer Prüfung" keinen Anlaß sah, von diesem Regelfall abzugehen[10]. In beiden Fällen sah der Senat den Anordnungsgrund darin, daß die Antragsteller „glaubhaft dargelegt" hatten, ohne ausreichende Eigenmittel und daher zur materiellen Sicherung der Ausbildung auf die Ausbildungsförderung angewiesen zu sein[11].

Die Verwendung des Begriffs „glaubhaft" scheint auf den ersten Blick darauf hinzudeuten, daß der Senat damit doch etwas anderes ausdrücken wollte als seine Auffassung, die anspruchsbegründenden Tatsachen seien wahrscheinlich. Jedenfalls im Zusammenhang mit der Begründung des Anordnungsgrunds könnte vielmehr der Eindruck entstehen, der Senat beurteile nur die Glaubhaftigkeit des Vortrags der Antragsteller oder gar deren Glaubwürdigkeit — so wie er sonst etwa die Glaubwürdigkeit eines Zeugen oder die Glaubhaftigkeit einer Zeugenaussage im Rahmen der Beweiswürdigung einschätzen würde. Bei näherem Hinsehen erweist sich das jedoch als ein in der Begrifflichkeit angelegter Trugschluß, der durch die Ausführungen zum Anordnungsanspruch offenbar wird. Der Senat untersucht ja, ob die Voraussetzungen der Ausnahmevorschriften gegeben sind, und beläßt es insoweit letztlich bei Vermutungen: Im

---

[8] VGH Baden-Württemberg FamRZ 1976, 718; 1977, 354.

[9] VGH Baden-Württemberg (Fn. 8), 719.

[10] VGH Baden-Württemberg (Fn. 8), 355.

[11] VGH Baden-Württemberg (Fn. 8), 718; 1977, 354.

einen Fall glaubt er der Antragstellerin, im anderen an die Erfüllung eines Regelfalls[12].

Wird also einerseits deutlich, daß der Senat die Erkenntnisanforderungen für herabgesetzt hält — ohne daß allerdings von „Wahrscheinlichkeit" die Rede ist —, so bleibt andererseits offen, warum er an bestimmte Tatsachen „glaubt" und wie er zu seiner Einschätzung gekommen ist.

Das ist anders im zweiten Beispiel: Konrektor K, evangelisch, hatte sich um die Stelle des Rektors einer Volksschule beworben, fürchtete aber, die zuständige Behörde werde seine Konkurrentin, die katholische Oberlehrerin O, allein ihrer Konfession wegen ernennen. Der VGH Baden-Württemberg[13] glaubte ihm: Aus Art. 33 Abs. 2, 3 GG folge für K, daß er bei der Auswahl des künftigen Rektors nicht lediglich aufgrund der Zugehörigkeit zu einer bestimmten Religion übergangen werden dürfe. Und für einen „Anspruch" auf Erlaß einer dieses Recht sichernden einstweiligen Anordnung bestehe eine „überwiegende Wahrscheinlichkeit", da nach den Akten des Oberschulamts und des Kultusministeriums eine Benachteiligung des K wegen seines religiösen Bekenntnisses „sehr wahrscheinlich" sei. Aus diesem Grund hielt der Senat die Voraussetzungen einer einstweiligen Anordnung für „glaubhaft gemacht"[14].

Zu seiner Einschätzung gelangte der Senat aufgrund der folgenden, aus den Akten und der Verhandlung gewonnenen Erkenntnisse:
(a) Das Kultusministerium hatte dem Oberschulamt Anweisung erteilt, O zur Ernennung vorzuschlagen.
(b) Die Leistungen des K wurden vorher aber merklich besser beurteilt als diejenigen der O.
(c) O war auch „dienst- und lebensjünger" als K, und zwar nicht „unerheblich".
(d) Daß O als Frau habe ernannt werden sollen, schied als Ernennungsgrund aus rechtlichen und tatsächlichen Gründen aus.
(e) Die Schule wurde weit überwiegend von katholischen Schülern besucht.

Die Erkenntnisse (b) bis (e) ließen nun die Schlußfolgerung zu: Also sollte O ernannt werden, weil sie katholisch ist. Und da die sehr wahrscheinliche Ernennung der O die Bewerbung des K hätte gegenstandslos werden lassen, bestand nach Ansicht des Senats auch eine „überwiegende Wahrscheinlichkeit" dafür, „daß die Rechtsverwirklichung des K vereitelt wird"[15].

Die Entscheidung zeigt zunächst einmal mehr, welche Verwirrung die Geltung des § 920 Abs. 2 ZPO heraufbeschwört. Offensichtlich vom Erfordernis der Glaubhaftmachung eines Anordnungsanspruchs beeindruckt, prüfte der Senat,

---

[12] Dabei unterstellt der Senat einen Satz des Inhalts: Wenn durchschnittlich begabte Studenten ein Semester im Ausland studieren, dann studieren sie infolgedessen insgesamt ein Semester länger. Zu Erfahrungssätzen noch unten (3) (b).

[13] VGH Baden-Württemberg ESVGH 18, 31.

[14] VGH Baden-Württemberg (Fn. 13), 33f.

[15] VGH Baden-Württemberg (Fn. 13), 37.

ob eine überwiegende Wahrscheinlichkeit für den Anspruch auf Erlaß einer einstweiligen Anordnung bestand. Einen solchen Anspruch gibt es nach der Fassung des § 123 nicht — glaubhaft zu machen ist vielmehr das — in Anleihe an die ZPO mit dem Schlagwort „(Anordnungs-)Anspruch" bezeichnete — Recht des Antragstellers, das mit der einstweiligen Anordnung gesichert werden soll[16]. Dieses Recht kann zwar im Einzelfall auch ein Anspruch sein, aber eben nicht ein solcher auf Erlaß einer einstweiligen Anordnung, sondern auf eine bestimmte materiell-rechtliche Rechtsfolge[17]. Aber der Senat prüfte ja letztlich doch nur, ob ihm bekannte Tatsachen des Einzelfalls die Befürchtung des Antragstellers als „sehr wahrscheinlich" erscheinen ließen — ob also das Recht des Antragstellers aus Art. 33 Abs. 2, 3 GG (das im übrigen mehr als glaubhaft war — es stand fest) in für § 123 Abs. 1 relevanter Weise betroffen war.

Der Entscheidung kann im hier interessierenden Zusammenhang zweierlei entnommen werden: Glaubhaft gemacht sind nach Ansicht des Senats die tatsächlichen Voraussetzungen einer einstweiligen Anordnung, wenn sie sehr (oder überwiegend) wahrscheinlich sind. Und ob das der Fall ist, beurteilt der Senat anhand der Tatsachen oder Angaben über Tatsachen, von denen er unmittelbar Kenntnis erlangt hat — sei es durch den Vortrag der Beteiligten, durch Aussage von Zeugen oder durch Vorlage von Akten. Anders formuliert: Aus bekannten Tatsachen und Beweismitteln wird auf das Vorliegen der den Erlaß einer einstweiligen Anordnung rechtfertigenden tatsächlichen Voraussetzungen geschlossen[18]. Lassen diese Erkenntnismittel die Schlußfolgerung zu, daß die das behauptete Recht begründenden Tatsachen und diejenigen Tatsachen, aus denen sich die Gefahr der Rechtsvereitelung oder sonst die Regelungsbedürftigkeit ergibt, zumindest wahrscheinlich sind, wird eine einstweilige Anordnung getroffen.

(2) Die richterliche Erkenntnis als Wahrscheinlichkeitsurteil

So betrachtet, ist die Feststellung des Sachverhalts im Eilverfahren aber gar nichts Besonderes mehr. Denn hier wie in jedem Prozeß ist sie nichts anderes als ein letztlich subjektiver Erkenntnisakt, der dadurch erschwert ist, daß sich die Tatsachen, aus denen sich im Einzelfall ein Anspruch, die Rechtswidrigkeit einer behördlichen Handlung oder eben eine Gefahr für ein Recht im Sinne von § 123 Abs. 1 ergibt, im Regelfall nicht im Gerichtssaal besichtigen lassen. Meist handelt es sich um vergangene oder — wie hinsichtlich des Anordnungsgrunds

---

[16] Siehe oben 1.

[17] Eine andere Frage ist, ob dann, wenn dieses Recht und der Anordnungsgrund glaubhaft sind, der Antragsteller einen Anspruch auf Erlaß der begehrten Anordnung hat; so Finkelnburg/*Jank*, Rn. 169 (für die Sicherungsanordnung). Die Glaubhaftmachung *dieses* Anspruchs fordert § 920 Abs. 2 ZPO jedoch nicht.

[18] In der Vorgehensweise genauso z. B. OVG Hamburg NVwZ 1982, 448; HessVGH VerwRspr. 25, 1021 (1023, 1025); ESVGH 26, 196; OVG Lüneburg DVBl. 1972, 958 (959, 960) — dazu schon oben 1. Abschnitt, Kapitel II 1.

— erst zukünftige Geschehnisse, und selbst Behauptungen über aktuelle Tatsachen können nicht immer durch unmittelbare Wahrnehmung bestätigt werden. Dann muß eben aufgrund anderer Erkenntnisse, die durch Prozeßhandlungen der Beteiligten oder Ermittlungen des Gerichts zum Gegenstand des Verfahrens geworden sind, auf die entscheidungserhebliche Sachlage geschlossen werden[19].

Die Vorschriften über die richterliche Beweiswürdigung tragen diesen Erkenntnisschwierigkeiten Rechnung. So kommt es nach § 286 Abs. 1 ZPO ja nicht darauf an, die Wahrheit einer Sachverhaltsannahme festzustellen; der Richter hat vielmehr nach seiner freien Überzeugung zu entscheiden, ob eine tatsächliche Behauptung für wahr oder nicht wahr *zu erachten sei*. Und auch gemäß § 108 Abs. 1 entscheidet das Gericht nach seiner aus dem Gesamtergebnis des Verfahrens gewonnenen *Überzeugung*. Beide Vorschriften besagen trotz ihrer unterschiedlichen Fassung das gleiche — daß im Verwaltungsprozeß nicht nur tatsächliche Behauptungen (der Beteiligten) Gegenstand der richterlichen Erkenntnis sein können, folgt aus § 86 Abs. 1; und auch das Fehlen eines Überzeugungskriteriums („wahr") in § 108 Abs. 1 unterscheidet die Vorschrift inhaltlich nicht von § 286 Abs. 1 ZPO: Eine Überzeugung von Tatsachen (vgl. § 108 Abs. 2!) hat derjenige, der der festen Meinung ist, ein Vorgang habe sich in bestimmter Weise abgespielt oder eine Sachlage sei eben so, wie sie behauptet wurde oder wie sie sich sonst darstellt[20]. Wer aber meint, Behauptungen oder Sachverhaltsannahme und Wirklichkeit entsprechen einander, der hält die Aussagen über diese Tatsachen für „wahr". Ist also die Überzeugung von der Wahrheit einer Sachverhaltsannahme erforderlich, aber auch ausreichend, weil die Wirklichkeit nur bedingt erkannt und die Feststellung der Wahrheit einer Sachverhaltsannahme daher nicht absolut garantiert werden kann[21], darf der Richter schon dann von einer bestimmten Sachverhaltsannahme ausgehen, wenn zwar nicht unbedingt jeder, wohl aber er persönlich an ihrer Richtigkeit nicht mehr zweifelt[22].

---

[19] Die Feststellung des Sachverhalts kann daher auch als Bestätigung einer „Sachverhaltsannahme" durch Erschließen bezeichnet werden; dazu allgemein (und auch zur Vorgehensweise dabei) Koch / Rüßmann, 271 ff.; Darnstädt, 9 (und auf Prognosen im Recht der Gefahrenabwehr bezogen 35 ff.); Musielak / Stadler, Rn. 137 ff.; davon ausgehend auch Greger, 28 ff., 113 ff.

[20] Zum Begriff der Überzeugung Greger, 15 ff.; Musielak, 453 f.; Musielak / Stadler, Rn. 130 (und kritisch gegenüber Gregers Definition Rn. 149 a. E.). Vgl. hierzu auch Walter, 132, 149.

[21] Greger, 32, 36; zum Wahrheitsbegriff: 28 ff., 117; Grunsky, Grundlagen, § 43 II 1; Koch / Rüßmann, 276; Musielak / Stadler, Rn. 143, 144 (so auch schon Musielak, 462); Walter, 110; zum Verwaltungsprozeß 119.

[22] Eyermann / Fröhler, § 108 Rn. 4; Kopp, VwGO, § 108 Rn. 5; Redeker / von Oertzen, § 108 Anm. 1; Schunck / De Clerck, § 108 Erl. 2 e; Ule, Verwaltungsprozeßrecht, § 30 II 1; zum Zivilprozeßrecht: Baumbach / Lauterbach, § 286 Erl. 2 C; Thomas / Putzo, § 286 Erl. 2 a. Allgemein aus dem Schrifttum noch Berg, 71 f.; Grunsky, Grundlagen, § 43 II 1; Musielak / Stadler, Rn. 146; Walter, 109 — jeweils mit Nachweisen auch aus der

Das kann auch anders formuliert werden: Zweifel wird der Richter dann nicht mehr haben, wenn aufgrund der tatsächlichen Behauptungen der Beteiligten, der Beweisergebnisse und der durch eigene Ermittlungen gewonnenen Tatsachenerkenntnisse das Vorliegen der tatsächlichen Voraussetzungen der begehrten Entscheidung als so *wahrscheinlich* erscheint, daß er die grundsätzlich immer noch möglichen Zweifel als unangemessen empfindet. Insofern ist die Feststellung des Sachverhalts ein Urteil über die Wahrscheinlichkeit dieses Sachverhalts, und daraus folgt, daß jedes gerichtliche Verfahren zu nichts anderem führt als zu einem solchen Wahrscheinlichkeitsurteil. Soweit damit zum Ausdruck gebracht werden soll, daß die Erkenntnis des Richters, also die Überzeugung von der Wahrheit einer Sachverhaltsannahme, der Wirklichkeit immer nur nahekommen kann, scheint dem die umgangssprachliche Bedeutung des Begriffs „Wahrscheinlichkeit" zugrundezuliegen. Doch auch bei wissenschaftstheoretischer Betrachtung kann die Feststellung eines Sachverhalts als Wahrscheinlichkeitsurteil bezeichnet werden[23]. Das heißt nicht, daß der Richter eine Überzeugung von der Wahrscheinlichkeit eines Sachverhalts gewinnen muß — nur darf er eben bei einer „an Sicherheit grenzenden" Wahrscheinlichkeit davon „überzeugt" sein, die „Wahrheit" gefunden zu haben.

(3) Die Verringerung der Erkenntnisanforderungen und die Möglichkeit einer intersubjektiven Kontrolle der Entscheidung

(a) Die Probleme einer Verringerung der Erkenntnisanforderungen

Die soeben gewonnene Erkenntnis ermöglicht es, die Verbindung des Erfordernisses der Glaubhaftmachung mit dem Wahrscheinlichkeitsbegriff genauer zu orten. Denn unter den festgestellten Umständen ist es nichtssagend, den im Eilverfahren erforderlichen Grad der Erkenntnis gegenüber demjenigen im normalen Prozeß dadurch zu charakterisieren, daß nur die „Wahrscheinlichkeit" der tatsächlichen Voraussetzungen einer einstweiligen Anordnung festgestellt werden soll. Eine Reduktion der Erkenntnisanforderungen kann sich vielmehr nur daraus ergeben, daß die tatsächlichen Voraussetzungen nicht *in gleichem Maß* wahrscheinlich sein müssen wie für eine Entscheidung im normalen Prozeß, so daß Annahmen über den Sachverhalt schon dann der Entscheidung zugrundegelegt werden können, wenn ein geringerer Grad der Wahrscheinlichkeit für ihre Richtigkeit spricht. Genau dies brachte der VGH

Rechtsprechung. Soweit das zum Teil dahingehend umschrieben wird, daß „kein vernünftiger Mensch noch zweifelt", ist das zumindest mißverständlich: es kommt nur darauf an, daß der Richter im Einzelfall seine Zweifel überwindet; vgl. Berg, 76 m. Fn. 20; Greger, 15ff., 35; Musielak/Stadler, Rn. 144, 146 a.E.; 150; Schneider, 19; etwas zu metaphysisch Döhring, 463.

[23] Vgl. Koch/Rüßmann, 292f., 308; Musielak, 458f., 461f.; Musielak/Stadler, Rn. 143-145, 149; Nell, 95 und näher unten im Text zu (3) (b); a.A. allerdings Greger, 35, 48, 49ff. Vgl. auch — zur Rechtsprechung — Walter, 109 (zusammenfassend), 110.

Baden-Württemberg im zweiten Beispiel zum Ausdruck, als er eine einstweilige Anordnung traf, obwohl die Benachteiligung des K nur „sehr" wahrscheinlich war. Daß eine solche Differenzierung möglich ist, ergibt sich daraus, daß ein Wahrscheinlichkeitsurteil immer unter Ungewißheit abgegeben wird, die zwischen den jeweils eindeutigen Feststellungen des Vorliegens oder Nicht-Vorliegens einer Tatsache ganz unterschiedliche Abstufungen der Erkenntnis zuläßt[24]. Soll also im Eilverfahren die „einfache" oder „überwiegende" Wahrscheinlichkeit genügen, so ist das als Verringerung des im normalen Prozeß geforderten Erkenntnisgrads zu verstehen, nach dem eine der Wirklichkeit möglichst nahekommende Erkenntnis erreicht werden soll, die dann gegeben ist, wenn für die Hypothese über den entscheidungserheblichen Sachverhalt eine „hohe" oder „an Sicherheit grenzende" Wahrscheinlichkeit besteht[25].

Ob es unter diesen Umständen überhaupt sinnvoll sein kann, auch im Eilverfahren noch von einer „Überzeugung" des Richters zu sprechen, mag bezweifelt werden. Überzeugung setzt die Überwindung von Zweifeln voraus; die Erkenntnis, eine Behauptung über einen Sachverhalt — in umgangssprachlicher Verkürzung: der Sachverhalt selbst — sei wahrscheinlich, läßt eine derart verbindliche Stellungnahme gerade noch nicht zu, sondern je nach Wahrscheinlichkeitsgrad Zweifeln Raum. Daher könnte man möglicherweise auch sagen, das Erfordernis der Glaubhaftmachung substituiere die „Überzeugung" gemäß § 108 Abs. 1 (oder § 286 Abs. 1 ZPO) durch das bloße „Glauben"[26] — und damit die Terminologie des VGH Baden-Württemberg im ersten Beispiel zu erklären versuchen.

Das kann hier jedoch dahinstehen. Unabhängig von der Antwort auf die Frage, ob zwischen dem „Glauben" an die Wahrheit und der „Überzeugung" von einem noch zu bestimmenden Grad der Wahrscheinlichkeit einer Sachverhaltsannahme überhaupt unterschieden werden kann[27] und worin nun das maßgebliche Erkenntniskriterium zu sehen ist, erscheint die so bewirkte Verringerung der Erkenntnisanforderungen aus zwei Gründen als problematisch. Einerseits ist völlig offen, welcher Wahrscheinlichkeitsgrad erreicht sein muß, unter welchen Voraussetzungen der Richter also an die Wahrheit einer Sachverhaltshypothese „glauben" darf[28], und es ist zweifelhaft, ob dies allgemein und in für die Praxis brauchbarer Weise bestimmt werden kann. Und andererseits scheint es kein Rezept für die Feststellung zu geben, daß im Einzelfall die erforderliche Wahrscheinlichkeit gegeben ist. Das hat offenbar

---

[24] Dazu Nell, 121 ff.

[25] Zum Erkenntniskriterium im normalen Prozeß vgl. nochmals die Nachweise Fn. 22.

[26] So offenbar Greger, 18 ff. (zusammenfassend 23), 49, 114; vgl. auch Nell, 35 ff. (zum subjektiven Wahrscheinlichkeitsbegriff).

[27] Das bestreitet z. B. Nell, 107; ähnlich offenbar Berg, 71 f., 74 ff., 117, und Musielak / Stadler, Rn. 147, 149; anders Greger (Fn. 26).

[28] Vgl. nochmals oben 1. Abschnitt, Kapitel II 1 b aa, 2 a und hier noch zusätzlich Berg, 22, 116, 117.

zwangsläufig zur Folge, daß die Entscheidung im Eilverfahren noch stärker als sonst von subjektiven Einflüssen abhängig ist, und stellt insoweit die Gleichheit der Rechtsanwendung in Frage[29]. Der Richter muß sich darüber klar werden, in welchem Maß die eine einstweilige Anordnung rechtfertigende Sachverhaltsannahme wahrscheinlich sein muß, und er muß sich zu der Auffassung durchringen können, dieses Maß sei erreicht. Die Schwelle dafür kann aber bei jedem Richter wiederum ganz unterschiedlich sein. Nachvollziehbar darstellen, geschweige denn begründen kann man dies, so scheint es, — wenn überhaupt — nur schwer. Dafür geben die beiden BAföG-Entscheidungen des VGH Baden-Württemberg ein (gerade nicht!) beredtes Beispiel[30].

Eine Legitimation dafür, die Entscheidung letztlich allein von der „gewissenhaft erprobten“ „inneren Stimme“[31] des Richters abhängig zu machen, wird teilweise in den Besonderheiten des Eilverfahrens gesucht: Die Entscheidung ergehe ja unter dem Vorbehalt besserer Erkenntnis im Hauptsacheverfahren; sie dürfe zudem keine irreparablen Tatsachen schaffen, und der stärkere Einfluß von Subjektivität sei schließlich der von der Eilbedürftigkeit geforderte Tribut[32]. Auf die Überzeugungskraft dieser Gründe im Hinblick auf das zivilprozeßrechtliche Eilverfahren braucht hier nicht weiter eingegangen zu werden — im Bereich des Verwaltungsprozesses ist ihnen schon wegen der unterschiedlichen Ausgangslage für die hier zu entscheidenden Streitigkeiten[33] nur mit Skepsis zu begegnen. Soll das Eilverfahren seinen Teil zu einem effektiven Rechtsschutz und in diesem Rahmen auch zur Gesetzmäßigkeit des Verwaltungshandelns beitragen[34], dürfen jedenfalls Mindestanforderungen an die Rationalität der Entscheidung und die Möglichkeit intersubjektiver Kontrolle nicht ohne Not vorschnell preisgegeben werden[35]. Der Ratschlag, der Richter müsse sich stets der Gefahr des Einflusses von Irrationalem bewußt sein[36], ist insoweit schon Kennzeichen von Resignation.

Ein nochmaliger Blick in die Entscheidungsgründe des VGH Baden-Württemberg im zweiten Beispiel zeigt indes, daß es offenbar möglich ist, Entscheidungen auch im Eilverfahren in rationaler Weise zu treffen und nachvollziehbar

[29] Zu den subjektiven Einflüssen auf jede richterliche Entscheidung hier nur Berg, 74ff.; Musielak/Stadler, Rn. 130, 150. Nach Ansicht von Walter, 152, ermöglicht jedoch die Voraussetzung „für wahr zu erachten“ ein gewisses Maß an Rationalität.

[30] Vgl. oben (1). Aus diesem Grund soll der Gesetzgeber der ZPO davon abgesehen haben, eine § 286 Abs. 1 S. 2 ZPO entsprechende Begründungspflicht zu statuieren; vgl. Berg, 118; Schneider, 18; Wieczorek, § 294 Erl. A III; a.A. Stein/Jonas/Leipold, § 294 Rn. 7 m. Fn. 9.

[31] Döhring, 463 (allerdings meint er damit die „Überzeugung“).

[32] Berg, 22f., 117; Grunsky, Grundlagen, § 43 III.

[33] Dazu oben 2 b bb (3).

[34] Dazu oben 2 b bb (2).

[35] § 122 Abs. 2 setzt die Möglichkeit einer Begründung der richterlichen Überzeugung auch im Eilverfahren voraus; vgl. § 123 i.V.m. Art. 2 § 3 Abs. 1 S. 2 EntlG, § 146.

[36] Grunsky, Grundlagen, § 43 II 1.

zu begründen. Der Senat hat ja die tatsächlichen Anhaltspunkte ausführlich dargelegt, aufgrund deren er zu der Einschätzung kam, eine rechtswidrige Benachteiligung des K sei sehr wahrscheinlich. Zumindest hat er damit seine Annahme plausibel gemacht, und das ist schon mehr als die bloße Behauptung des Senats im ersten Beispiel, der von der Antragstellerin vorgebrachte Verzögerungsgrund sei glaubhaft. Die Möglichkeit einer solchen Begründung beruht darauf, daß auch die Annahme eines geringeren Grads von Wahrscheinlichkeit eben nicht ausschließlich eine subjektive Einschätzung des Urteilenden darstellt, sondern auf objektive Gegebenheiten gestützt werden kann und muß. Um dies einsichtig zu machen, soll im folgenden Abschnitt nochmals am Beispiel der Rektoren-Entscheidung des VGH Baden-Württemberg (Beispiel 2) kurz verdeutlicht werden, wie ein Urteil über die Wahrscheinlichkeit einer Sachverhaltsannahme gebildet wird. Mit Hilfe dieses Wissens wird es dann auch möglich sein können, die Frage zu beantworten, ob und wie der erforderliche Grad der Wahrscheinlichkeit bestimmt werden kann.

(b) „Objektive" Elemente eines Wahrscheinlichkeitsurteils

(aa) Der 4. Senat des VGH Baden-Württemberg konnte nur ein Wahrscheinlichkeitsurteil treffen, da er die Tatsache, daß die Schulbehörde Oberlehrerin O zur Rektorin ernennen würde, nicht kannte und unmittelbar auch nicht erkennen konnte. Denn dieses Ereignis mußte ja erst noch stattfinden. Aber er wußte: wenn für die Schilderung der tatsächlichen Verhältnisse durch K wenigstens eine überwiegende Wahrscheinlichkeit sprach (§ 920 Abs. 2 ZPO), dann mußte dessen Recht aus Art. 33 Abs. 2; 3 GG durch eine einstweilige Anordnung gesichert werden. Um dies zu beurteilen, verschaffte sich der Senat weitere Informationen, die im Ergebnis die Behauptungen des K im erforderlichen Grad bestätigten.

Das kann folgendermaßen verallgemeinert werden: Wenn ein Sachverhalt nicht bekannt ist, kann zunächst nur eine Hypothese über den Sachverhalt gebildet werden[37]. Die Hypothese kann aber erst dann die tatsächliche Grundlage der Entscheidung bilden, wenn sie bestätigt worden ist. Das geschieht dadurch, daß Tatsachen festgestellt werden, die eine Schlußfolgerung auf die Richtigkeit der Hypothese zulassen und sie — im Eilverfahren — als wahrscheinlich oder sehr wahrscheinlich erweisen. Der Begriff der Wahrscheinlichkeit ist also, soweit es um die Feststellung eines Sachverhalts geht, als Ausdruck eines bestimmten Grads der Bestätigung der Hypothese über einen Sachverhalt zu verstehen; das Wahrscheinlichkeitsurteil beruht auf einer Folgerung von objektiven oder empirischen Erkenntnissen auf das in der Hypothese ausgedrückte Geschehen[38].

---

[37] Im Prozeß ist das normalerweise der Vortrag des Antragstellers oder des Klägers, eventuell ergänzt durch denjenigen des Gegners.

[38] Vgl. dazu Greger, 44, 55f.; Koch/Rüßmann, 287ff. (289, 293); Musielak, 455ff. (insbes. 458 m. Fn. 34) = Musielak/Stadler, Rn. 134f., 141, 145; Nell, 27f., 32, 35; für

Der Senat hat allerdings nicht mitgeteilt, warum er aus den von ihm festgestellten Tatsachen auf die Wahrscheinlichkeit der Behauptungen des K schließen konnte. Er muß sich aber über einen Zusammenhang zwischen diesen Tatsachen und der zu bestätigenden Sachverhaltshypothese im klaren gewesen sein, denn andernfalls hätte er nicht zu seiner Schlußfolgerung kommen können. Dieser Zusammenhang kann folgendermaßen rekonstruiert werden:

Da anhand der Aktenlage die Befürchtung des K, O solle ernannt werden, unmittelbar bestätigt werden konnte, mußte nur noch geklärt werden, ob das allein wegen ihrer Religionszugehörigkeit geschehen sollte. Zu diesem Zweck prüfte der Senat, ob die bei der Entscheidung über die Ernennung eines Bewerbers zum Rektor überhaupt relevanten Kriterien eine Ernennung der O rechtfertigen konnten. Hätten sie dies getan, so hätte dies in mehr oder weniger hohem Maß gegen die Befürchtung des K gesprochen, so daß der Senat vermutlich zu der Einschätzung gekommen wäre, die Hypothese sei nicht ausreichend bestätigt; mit anderen Worten: eine Benachteiligung des K allein aus konfessionellen Gründen sei eher unwahrscheinlich. Da jedoch weder die bisherigen Leistungen noch das Dienstalter der O (noch ihr Geschlecht) ihre Ernennung begründen konnten, wurde die Hypothese durch diese Kriterien und die für sie bedeutsamen Informationen recht gut bestätigt. Diesem Ergebnis kann im Beispielsfall schon deshalb ohne weiteres gefolgt werden, weil die zuständigen Behörden ihr Motiv aktenkundig gemacht hatten und der Senat sich daher nur noch mit den im Verlauf des Prozesses vorgebrachten Erwiderungen auseinandersetzen mußte. Die Vorgehensweise des Senats und sein Urteil waren also sowohl rechtlich als auch durch die besonderen Umstände des Einzelfalls programmiert, so daß weitere Rechtfertigungen sich erübrigten.

Grundsätzlich kann aber ein Zusammenhang zwischen Einzelereignissen und dem in der Hypothese zum Ausdruck gebrachten Ereignis, der erst die Schlußfolgerung auf die Richtigkeit der Hypothese zuläßt, nur dadurch hergestellt werden, daß das zu erschließende Ereignis unter den Umständen, die durch die festgestellten Einzelereignisse charakterisiert sind, mit einer bestimmten Häufigkeit aufgetreten ist. Daraus läßt sich folgern, daß es mit der gleichen Häufigkeit auch im zu beurteilenden Fall auftreten wird — und die Hypothese dieser Häufigkeit entsprechend wahrscheinlich ist[39]. Ein derartiger Zusammen-

Prognosen Darnstädt, 35ff. (43ff., 47, 53). Insoweit kommt es auf den Streit um die verschiedenen Wahrscheinlichkeitsbegriffe — dazu Greger, 38ff.; Koch/Rüßmann, 289ff.; Musielak, 455ff.; Nell, 18ff. (insbes. 47ff.) — nicht an. Selbst Greger, der sich dagegen wendet, die „Überzeugung von der Wahrheit" als Wahrscheinlichkeitsurteil zu charakterisieren (35; vgl. auch 48, 49ff.), räumt ein, daß es sinnvoll sein kann, von (logischer) Wahrscheinlichkeit im Sinne einer bestimmten Plausibilität einer Hypothese über einen Sachverhalt zu sprechen (55ff.). So auch Nell, 32 (und gegen Greger, 106f. m. Fn. 134). Siehe auch Berg, 73, 109; Grunsky, Grundlagen, § 43 II 1; Schneider, 17, 19. Diese Erkenntnis scheint auch den Ausführungen von Jakobs, VBlBW 1984, 129 (134) zugrundezuliegen; vgl. auch Tietgen, Gutachten, 82.

[39] Zu diesem Zusammenhang Darnstädt, 38ff.; Koch/Rüßmann, 277ff. (Zusammenfassung 306); Musielak, 457, 458; Musielak/Stadler, Rn. 134, 141.

hang muß also durch eine Verallgemeinerung von Erkenntnissen über bisherige Geschehensabläufe gewonnen werden, die sich in sogenannten Erfahrungssätzen zusammenfassen lassen[40]. Solche Erfahrungssätze können festgestellte Gesetzmäßigkeiten ausdrücken und daher — für Fälle mit identischen Bedingungen — ein sicheres Urteil ermöglichen; ein weniger sicheres Urteil ermöglichen sie, wenn sie nur für einige der festgestellten Bedingungen gelten. Sie können aber auch ihrerseits nur „Wahrscheinlichkeiten" im Sinne relativer Häufigkeiten[41] ausdrücken und dann nur zu einem ähnlich unsicheren Grad der Bestätigung der Hypothese führen[42].

Einen Erfahrungssatz legte auch der VGH Baden-Württemberg im zweiten Fall von Beispiel 1 zugrunde, als er davon ausging, daß ein Studienaufenthalt im Ausland normalerweise eine Verlängerung der Studienzeit um die gleiche Dauer zur Folge habe, was ihm eine Schlußfolgerung auf die Wahrscheinlichkeit der Erfüllung der Förderungsvoraussetzungen durch den Antragsteller im konkreten Fall ermöglichte[43]. Nur bleibt offen, woher der Senat diese Regel kannte und ob sie etwa auf statistischen Erhebungen beruhte und daher auch einen entsprechend verläßlichen Grad von Wahrscheinlichkeit begründen konnte — oder bloß dem umfangreichen Schatz der Alltagstheorien entstammte.

Zusammengefaßt und wieder allgemein formuliert: Das Urteil über den Grad der Bestätigung einer Sachverhaltsannahme — also: die Feststellung eines Sachverhalts — setzt die Anwendbarkeit einer allgemeinen Regel voraus, aufgrund deren von gegebenen Informationen über Tatsachen auf die Richtigkeit der Sachverhaltsannahme, das heißt auf das Vorliegen in ihr zum Ausdruck gebrachter tatsächlicher Voraussetzungen der begehrten Entscheidung geschlossen werden kann und die auch eine nähere Bestimmung dieses Grads ermöglicht.

(bb) Wer dies akzeptiert, wird nicht mehr behaupten können, die Bildung eines solchen Wahrscheinlichkeitsurteils sei ein ausschließlich subjektiver, für Außenstehende nicht nachvollziehbarer Vorgang, sondern muß auch die Ansatzpunkte für eine intersubjektive Überprüfung anerkennen, die das Urteil als objektiv erscheinen lassen können:

---

[40] Nur selten ermöglicht das Gesetz in Form von Legaldefinitionen einen Verzicht auf solche tatsächlichen Erfahrungssätze; dazu Koch / Rüßmann, 282.

[41] „Wahrscheinlichkeit" ist hier im statistischen Sinn gemeint; dazu Greger, 40ff.; Nell, 21ff.

[42] Berg, 96ff. (allgemein zu Erfahrungssätzen; zu ihrer Wirkung 107ff.); Grunsky, Grundlagen, § 40 II 1; Koch / Rüßmann, 285f., 287ff.; Musielak / Stadler, Rn. 132, 138ff., 150.

[43] Vgl. oben (1). Der Senat hätte korrekterweise auch noch begründen müssen, daß der Antragsteller ein durchschnittlich begabter Student war — die Regel also paßte —, ging jedoch mangels entgegenstehender Anhaltspunkte einfach davon aus — eine fragwürdige Vorgehensweise, zu der auch die Eilbedürftigkeit nicht ohne weiteres berechtigte.

(i) Die Feststellung des entscheidungserheblichen Sachverhalts ist nur dann korrekt, wenn die bekannten Informationen einen Schluß auf die Richtigkeit der Sachverhaltshypothese zulassen. Das ist nur der Fall, wenn die als Verknüpfungsregeln verwendeten gesetzlichen Sätze oder Erfahrungssätze eine Beziehung zwischen Informationen und Hypothese überhaupt herstellen können. Es muß also eine geeignete Verknüpfungsregel verwendet werden — daß das Urteil auf einem solchen Satz beruht, läßt sich feststellen, wenn dieser Satz mitgeteilt wird.

(ii) Trotz formaler Korrektheit kann das Urteil inhaltlich unzureichend sein, wenn als Verknüpfungsregel Erfahrungssätze zugrundegelegt werden, über deren Geltung keine Klarheit herrscht oder die nur unzuverlässige Aussagen über die Richtigkeit der Hypothese ermöglichen. Das gilt in besonderem Maß für die statistischen Erfahrungssätze, die die Hypothese nur mit einer gewissen Wahrscheinlichkeit bestätigen können. Die Rationalität des Wahrscheinlichkeitsurteils wird unter diesen Umständen erhöht, wenn als Verknüpfungsregeln nur möglichst gesicherte Erfahrungssätze in Betracht kommen dürfen[44]. Auch insoweit führt schon die Offenlegung der Erfahrungssätze zu einer Überprüfbarkeit des Urteils, denn sie ermöglicht die Beurteilung ihrer Brauchbarkeit.

(iii) Darüber hinaus kann das Urteil auch anhand der Informationen überprüft werden, auf denen es basiert. Einerseits ist die Relevanz der Informationen im Regelfall dem gesetzlichen Tatbestand zu entnehmen, dessen tatsächliche Voraussetzungen im Einzelfall festgestellt werden müssen; von daher lassen sich die für die Entscheidung nicht in Betracht kommenden Informationen ausgrenzen. Andererseits ist der Grad der Bestätigung der Sachverhaltsannahme immer abhängig von der konkreten Informationslage; das heißt, je mehr für die Entscheidung relevante Umstände bekannt sind, desto genauer kann die Aussage über die zu bestätigende Sachverhaltsannahme werden[45], vorausgesetzt, es stehen entsprechende Erfahrungssätze zur Verfügung. Das legt die Forderung nahe, bei der Bildung des Wahrscheinlichkeitsurteils alle für die Bestätigung relevanten Informationen zu berücksichtigen. Werden sie in den Entscheidungsgründen offengelegt, kann das Urteil auch daraufhin überprüft werden, ob vorliegende Informationen außer acht gelassen oder erkennbar relevante, aber noch nicht vorliegende Informationen nicht in Erfahrung gebracht wurden.

(iv) Die Darstellung der vom Richter für relevant erachteten Informationen und der von ihm verwendeten Erfahrungssätze kann es auch ermöglichen, Wertungen transparent zu machen, die sonst allzu leicht in der bloßen Behauptung versteckt sein können, die Voraussetzungen für eine einstweilige

[44] Berg, 112ff.; Koch / Rüßmann, 326ff.; Musielak, 459 (m. Fn. 40); Musielak / Stadler, Rn. 136. Zu Schwierigkeiten bei der Verwendung solcher Erfahrungssätze Koch / Rüßmann, 329.

[45] Darnstädt, 49ff., 54ff.; Nell, 58, 115.

Anordnung seien nicht glaubhaft gemacht. Denn aus ihr kann auf das Maß an Wahrscheinlichkeit geschlossen werden, das der Richter im Einzelfall für erforderlich gehalten hat. Hat er etwa den Erlaß der begehrten Anordnung abgelehnt, obwohl sich aus den verfügbaren Informationen durchaus eine gewisse Wahrscheinlichkeit für die Richtigkeit des vom Antragsteller behaupteten Sachverhalts ergeben hat, so kann das nur zwei Gründe haben: Entweder hielt er aufgrund bestimmter Erfahrungen, Anhaltspunkte oder persönlicher Einschätzung den vom Antragsteller vorgetragenen Sachverhalt gewissermaßen in einer Vorausbeurteilung für derart unwahrscheinlich, daß er entsprechend höhere — und daher konkret nicht erfüllte — Anforderungen an den Aussagewert von Informationen und Erfahrungssätzen stellte[46], oder er setzte das zu erreichende Maß der Wahrscheinlichkeit von vornherein, also unabhängig von einer festgesetzten Ausgangswahrscheinlichkeit der Hypothese, sehr hoch an. Für beides muß es Gründe geben, über die sich erst streiten läßt, wenn auch sie offengelegt werden. Und nur aufgrund dessen kann das Urteil letztlich überzeugen — oder eben nicht.

Diese Anforderungen verlangen vom Richter nichts Unerfüllbares. Er muß sich nur die Vorgänge bewußt machen, die ihn zur Annahme eines bestimmten Sachverhalts bewegen, und bei der Bildung dieses Urteils Regeln beachten, gegen die er nicht verstoßen darf, wenn sein Urteil akzeptabel sein soll. Beides muß er den von der Entscheidung Betroffenen wie auch dem rechtskundigen Publikum — und auch dem Beschwerdegericht — erklären. Dadurch werden die subjektiven Einflüsse nicht ausgeschaltet, was ohnehin nicht möglich ist[47]. Aber es kann nachvollzogen werden, warum der Richter im Einzelfall die tatsächlichen Voraussetzungen einer einstweiligen Anordnung als erfüllt oder als nicht erfüllt angesehen hat und ob dieser Einschätzung gefolgt werden kann[48]. Unter diesen Umständen ist die Verringerung von Erkenntnisanforderungen auch akzeptabel. Denn Nachvollziehbarkeit setzt die Entscheidung und die in ihr zum Ausdruck kommenden Wertungen des Richters der Kritik aus und ermöglicht auch die Feststellung, ob bei der Rechtsanwendung gleiche Maßstäbe beachtet werden. Das läßt den stärkeren Einfluß der Subjektivität des Richters als erträglich erscheinen.

bb) Rechtliche Vorgaben für die Bestimmung des maßgeblichen Wahrscheinlichkeitsgrads

Auf Korrektheit und Rationalität scheint freilich jener Abschnitt des Erkenntnisprozesses nicht mehr überprüft werden zu können, in dem der

---

[46] Zu dem Begriff der Ausgangs- oder Ursprungswahrscheinlichkeit und ihrem Einfluß auf das Wahrscheinlichkeitsurteil Koch / Rüßmann, 318ff.; Nell, 50ff., 56f.

[47] Vgl. nochmals § 286 Abs. 1 ZPO, § 108 Abs. 1 VwGO.

[48] Mehr kann ohnehin nicht verlangt werden; vgl. Darnstädt, 60f.; Koch / Rüßmann, 284, 308; Musielak, 461 (m. Fn. 51); zum objektiven Charakter selbst des subjektiven Wahrscheinlichkeitsbegriffes ebenda, 457; Nell, 47ff.

Richter — nach Sammlung aller entscheidungserheblichen Informationen — darüber zu entscheiden hat, ob die Sachverhaltsannahme in ausreichendem Maß bestätigt ist. Diese Einschätzung hängt von der Qualität der Verknüpfungsregeln ab, mit deren Hilfe er von den vorliegenden Informationen auf die Sachverhaltshypothese schließen kann. Sobald dafür nur solche Erfahrungssätze zur Verfügung stehen, die ihrerseits die Sachverhaltsannahme nur mit einer gewissen Wahrscheinlichkeit bestätigen können, ist eine Überprüfung insoweit nur dann ohne weiteres möglich, wenn sich der Grad der Bestätigung quantifizieren läßt. Das wird aber im Bereich juristischer Entscheidungen — wenn sie nicht gerade die Feststellung der Abstammung eines Kindes oder der alkoholbedingten Fahruntauglichkeit eines Verkehrsteilnehmers zum Gegenstand haben[49] — häufig nicht der Fall sein, so daß „subjektiv gefärbte Schätzungen grober Wahrscheinlichkeitswerte ausreichen müssen“[50]. Mag der Vorgang der Entscheidungsbildung auch dann noch nachvollzogen werden können — die Entscheidung selbst kann unter solchen Umständen nur innerhalb entsprechend weit gezogener Grenzen kontrolliert werden. Und die Frage, ob die grob geschätzten Wahrscheinlichkeitswerte denn ausreichen, um eine einstweilige Anordnung treffen zu können — also: ob die Sachverhaltsannahme im erforderlichen Maß bestätigt ist —, kann erst dann beantwortet werden, wenn dieses Maß bekannt ist. Hier hilft aber alles Wissen um die korrekte Bildung eines Wahrscheinlichkeitsurteils nicht mehr weiter: die dafür geltenden Regeln sagen nichts darüber aus, welche Qualität das Urteil erreichen muß. Soll aber die Entscheidung insoweit — im Interesse der Gleichheit der Rechtsanwendung und der Rechtssicherheit[51] — nicht völlig der Subjektivität des Richters überanwortet werden, muß nach einer rechtlichen Vorgabe für die Bestimmung des erforderlichen Wahrscheinlichkeitsgrads gesucht werden.

(1) § 920 Abs. 2 ZPO und das Kriterium der „überwiegenden“ Wahrscheinlichkeit

In § 920 Abs. 2 ZPO wird man eine solche Vorgabe vergeblich suchen. Die Frage nach dem erforderlichen Wahrscheinlichkeitsgrad stellte sich erst im Rahmen der Auslegung dieser Vorschrift — sie zu seiner Bestimmung heranzuziehen, hieße daher an den Ausgangspunkt der Erörterungen zurückzukehren, ohne sie mit einem Ergebnis abgeschlossen zu haben. Aber es hat sich ohnedies gezeigt, daß der konkrete Erkenntnismaßstab aus dem Erfordernis, die Voraussetzungen der einstweiligen Anordnung „glaubhaft“ zu machen, nicht hergeleitet werden kann: Auf ein bloßes „Glauben“ im Sinne eines nicht nachvollziehbaren „Für-Wahr-Haltens“ darf (und braucht) es nicht an(zu)kommen[52]; seine

[49] Beispiele bei Musielak, 454; vgl. auch Greger, 119; Nell, 56.

[50] Musielak, 459.

[51] Zu dem Zusammenhang zwischen den Anforderungen an die Rationalität richterlicher Entscheidungen und Art. 3 I GG allgemein Schmidt, Rn. 20; vgl. auch Greger, 8f., und Musielak/Stadler, Rn. 149.

Substitution durch das gewisse Rationalitätsanforderungen erfüllende „vernünftige Glauben“[53] führt zwar zum Begriff der „Wahrscheinlichkeit“, der dadurch veranlaßte Blick auf wissenschaftstheoretische Erkenntnisse aber gerade nicht zu dem gesuchten Kriterium für die erforderliche Wahrscheinlichkeit. Und die in Rechtsprechung und Schrifttum mehrheitlich vertretene Forderung nach „überwiegender“ Wahrscheinlichkeit[54] kann nicht mehr auf § 920 Abs. 2 ZPO zurückgeführt werden[55].

Auch mit diesem Kriterium ist freilich die Frage nach dem richtigen Wahrscheinlichkeitsmaß noch nicht befriedigend beantwortet. Es verlangt zwar ganz allgemein, daß die zur Verfügung stehenden Informationen mehr für als gegen die Richtigkeit der zu bestätigenden Sachverhaltsannahme sprechen müssen, daß also, wenn das Urteil über die Hypothese im Bereich zwischen unzutreffend (gleich Null) und wahr (gleich Eins) abgegeben wird, die Wahrscheinlichkeit einen größeren Zahlenwert als 0,5 erreichen muß. Nur läßt sich das, wie schon festgestellt, im Bereich juristischer Entscheidungen so eindeutig zumeist nicht angeben. Will man aber — offenbar in Anbetracht dieser Schwierigkeit — für klarere Verhältnisse sorgen und eine „überwiegende“ Wahrscheinlichkeit erst dann annehmen, wenn die für die Richtigkeit der Hypothese sprechenden Gründe die Zweifel eindeutig überwiegen[56], muß man sich fragen lassen, warum denn erst eine solchermaßen „überwiegende“ Wahrscheinlichkeit der Anordnungsvoraussetzungen den Erlaß einer einstweiligen Anordnung rechtfertigen können soll[57]. Ein überzeugender Grund wird sich jedoch nur schwer finden lassen, da diese Auffassung offenbar mit der Zweckbestimmung des § 920 Abs. 2 ZPO nicht mehr in Einklang zu bringen ist. Die Erkenntnisanforderungen sollen ja gerade herabgesetzt sein, um schnelle Entscheidungen zu ermöglichen; der Unterschied zwischen einer „eindeutig“ überwiegenden Wahrscheinlichkeit und dem für das Normalverfahren geforderten Erkenntnisgrad der „an Sicherheit grenzenden“ Wahrscheinlichkeit[58] erscheint jedoch als allzu gering (und müßte zudem noch definiert werden). Kann aber andererseits nur in derart eindeutigen Fällen entschieden werden, ob der richterlichen Einschätzung gefolgt werden kann, hilft das Kriterium der überwiegenden Wahrscheinlichkeit — soll insofern nicht doch wieder die Subjektivität des Richters das Letztentscheidungsrecht haben — nicht weiter.

---

[52] Dazu oben aa.

[53] Musielak, 456f. m. Fn. 27; Nell, 36ff., 47ff.

[54] Dazu oben 1. Abschnitt, Kapitel II 1 b aa, 2 a (m. Fn. 7).

[55] — was ihre Verfechter allerdings nicht stört, da sie sich ohnehin nicht um eine Begründung ihrer Auffassung bemühen.

[56] So etwa Jakobs, VBlBW 1984, 129 (134); Tietgen, Gutachten, 82; neuerdings auch Finkelnburg/*Jank*, Rn. 294.

[57] Auch Nell, 118f., fordert für das Kriterium der „überwiegenden Wahrscheinlichkeit“ eine Begründung „aus der Sache“.

[58] Dazu oben aa (2).

(2) Die Bedeutung des Zwecks des Anordnungsverfahrens für die Bestimmung des Erkenntnismaßstabs

Da der Versuch scheitert, den erforderlichen Erkenntnismaßstab aus § 920 Abs. 2 ZPO zu erschließen, bleibt dafür nur noch der Rückgriff auf § 123 Abs. 1 selbst. Das leuchtet ein: Mit der Bestimmung der Erkenntnisanforderungen wird schließlich über die Anwendbarkeit der Norm und damit auch darüber entschieden, ob ihr Zweck in der Praxis erreicht werden kann. Also müssen sich aus ihr auch Anhaltspunkte dafür ergeben können, welche Anforderungen an die Erkenntnis der tatsächlichen Voraussetzungen einer einstweiligen Anordnung zu stellen sind.

(a) Der Zweck des § 123 Abs. 1 wurde an anderer Stelle schon festgestellt[59]. Mit der Möglichkeit der einstweiligen Anordnung soll die Wirksamkeit des Rechtsschutzes sichergestellt werden, und zwar durch Abwehr der Gefahr einer Rechtsvereitelung oder sonstiger wesentlicher Nachteile aufgrund tatsächlicher, möglicherweise nicht mehr rückgängig zu machender Veränderungen. Das Verfahren muß also, um Art. 19 Abs. 4 GG gerecht werden zu können, zu einer wirksamen Kontrolle nicht nur in rechtlicher, sondern auch in tatsächlicher Hinsicht führen[60]. In tatsächlicher Hinsicht ist die Kontrolle aber nur wirksam, wenn die tatsächlichen Erkenntnisse dem Gericht jedenfalls eine Entscheidung über die Frage ermöglichen, ob das vom Antragsteller geltend gemachte Recht durch eine einstweilige Anordnung gesichert werden muß oder nicht — mit anderen Worten: ob im Einzelfall die einstweilige Anordnung *erforderlich* ist. Das kann sich aber nicht allein daraus ergeben, daß die tatsächlichen Voraussetzungen des § 123 Abs. 1 mit einem bestimmten Grad von Wahrscheinlichkeit erfüllt sind. „Erforderlich" kann eine einstweilige Anordnung nur im Hinblick auf ihren Sicherungs- oder Regelungszweck sein, und diese Einschätzung wiederum hängt immer auch davon ab, wie bedeutsam das bedrohte Recht des Antragstellers ist und wie intensiv es durch die drohenden Gefahren oder wesentlichen Nachteile beeinträchtigt würde. Beides muß sich auf den Maßstab für die Erkenntnis der für diese Beurteilung erheblichen Tatsachen auswirken. Kommt etwa das Gericht aufgrund der ihm vorliegenden Informationen zu der Einschätzung, daß die von dem Antragsteller befürchtete Veränderung des bestehenden Zustands nicht unwahrscheinlich ist, würde durch sie aber die Verwirklichung eines hochrangigen Rechts — etwa eines Grundrechts — in hohem Maß erschwert, so muß es zur Sicherung dieses Rechts eine einstweilige Anordnung schon dann treffen können, wenn es nur als möglich erscheint, daß der Antragsteller sich überhaupt auf dieses Recht berufen kann. Dagegen wird die bloße Möglichkeit eines Anordnungsanspruchs oder eines Anordnungsgrunds nicht ausreichen können, wenn die Bedeutung des zu schützenden Rechts geringer oder die drohende Beeinträchtigung als weniger intensiv einzuschätzen ist.

[59] Oben 2 b bb (2) (b).

[60] Vgl. BVerfGE 40, 272 (275); 61, 82 (111); 67, 43 (58 — für das Aussetzungsverfahren).

Soll also das Anordnungsverfahren einen möglichst wirksamen gerichtlichen Rechtsschutz gewährleisten, so darf der für die Feststellung des Sachverhalts maßgebliche Grad der Wahrscheinlichkeit der entscheidungserheblichen Tatsachen gar nicht abstrakt und für alle denkbaren Fälle gleichermaßen bestimmt werden. Eine solche Festlegung würde der Vielfalt möglicher Gefahren und der ganz unterschiedlichen Bedeutung potentiell gefährdeter Rechte nicht gerecht — ganz abgesehen davon, daß es kaum möglich sein dürfte, den Grad der Wahrscheinlichkeit zu bestimmen, aufgrund dessen die Zweckbestimmung des § 123 Abs. 1 generell am besten erreicht werden kann: eine entsprechende Festsetzung wäre kaum zu begründen und daher letztlich willkürlich. Vielmehr fordert der Zweck des Anordnungsverfahrens, die Erkenntnisanforderungen jeweils von den Umständen des Einzelfalls abhängig zu machen und damit immer wieder neu zu bestimmen. Je nach der Bedeutung der angeblich bedrohten Rechtsgüter und der Schwere der befürchteten Beeinträchtigungen können daher ganz unterschiedliche Grade von Wahrscheinlichkeit den Erlaß einer einstweiligen Anordnung rechtfertigen. Insofern kann die alte Erkenntnis aus dem Recht der Gefahrenabwehr, daß an die Wahrscheinlichkeit einer drohenden Beeinträchtigung um so geringere Anforderungen zu stellen sind, je schwerer durch sie geschützte Rechtsgüter betroffen würden und je gewichtiger diese Rechtsgüter sind (und umgekehrt)[61], auch bei der Anwendung des § 123 Abs. 1 genutzt werden, der ja ebenfalls in gewissem Sinn einer „Gefahrenabwehr" dient.

In ihrer Verwirklichung muß diese Einsicht nicht dazu führen, daß das Gericht nunmehr in jedem Einzelfall gewissermaßen in einer Vorausbeurteilung einen bestimmten fallangemessenen Erkenntnisgrad festlegt, den es zu erreichen gilt. Das wird so präzis oft gar nicht möglich sein. Vielmehr eröffnet eine solche, die Umstände des Einzelfalls gewichtende Vorgehensweise auch die Möglichkeit, bei der Entscheidung über den Erlaß einer einstweiligen Anordnung — und nicht zuletzt bei ihrer Begründung — die jeweils gegebene Sicherheit oder Ungewißheit in tatsächlicher Hinsicht gleichsam produktiv mit einzubeziehen. Denn angesichts der konkreten Bedeutung des bedrohten Rechts oder der Intensität einer möglichen Beeinträchtigung läßt sich angeben, ob die vorhandene Informationsgrundlage ausreicht oder nicht — oder ob sie noch verbessert werden muß.

(b) Für die gesetzlichen Voraussetzungen der einstweiligen Anordnung bedeutet das im einzelnen:

Für das Vorliegen derjenigen Tatsachen, aus denen sich die Veränderung des bestehenden Zustands und die mit ihr bewirkte Vereitelung oder Erschwerung der Rechtsverwirklichung im Sinne von § 123 Abs. 1 S. 1 ergibt, muß eine der Bedeutung der drohenden Gefahr angemessene Wahrscheinlichkeit sprechen —

[61] Dazu aus neuerer Zeit Darnstädt, 75ff.; Nell, 124f., 164, 169ff., 183ff. (191ff.). Für ein abwägendes Vorgehen auch Greger, 36f. Allgemein zum Einfluß des materiellen Rechts auf das Beweismaß Walter, 155ff., 205ff. (214f.).

kurz gefaßt: diese Tatsachen müssen um so weniger wahrscheinlich sein, je schlimmer die befürchteten Folgen für den Antragsteller sind. Wie schlimm diese Folgen sind, ergibt sich aus der Bedeutung des zu sichernden Rechts und der Intensität der möglichen Beeinträchtigung; wie intensiv diese Beeinträchtigung ist, hängt auch davon ab, ob die Veränderung des bestehenden Zustands rückgängig zu machen ist oder nicht. Auch hinsichtlich der tatsächlichen Voraussetzungen des zu sichernden Rechts kann es nur auf eine von dessen Bedeutung und der Intensität seiner Beeinträchtigung abhängige Wahrscheinlichkeit ankommen. Kann das geltend gemachte Recht allerdings schon aus rechtlichen Gründen nicht bestehen, brauchen die Tatsachen, die es angeblich begründen, gar nicht mehr geprüft zu werden. Diese Maßstäbe können auch für die tatsächlichen Voraussetzungen des streitigen Rechtsverhältnisses und der drohenden Nachteile oder Gefahren im Sinne von § 123 Abs. 1 S. 2 entsprechend gelten.

Damit sind jedoch noch nicht alle Gesichtspunkte aufgezählt, die bei der Beurteilung im Einzelfall zu berücksichtigen sind. Denn die bisherigen Überlegungen bezogen sich nur auf die Folgen, die zu befürchten wären, wenn eine einstweilige Anordnung nicht erlassen würde. Wird eine Anordnung aber getroffen, kann sie Rechte Dritter, jedenfalls aber „öffentliche Interessen"[62] in unterschiedlicher Weise berühren. So hat ja etwa die vorläufige Gewährung von Ausbildungsförderung finanzielle Auswirkungen für die zur Zahlung jedenfalls vorläufig verpflichtete Behörde; die vorläufige Zulassung zum Studium[63] berührte infolge der durch sie ermöglichten Inanspruchnahme von Ausbildungsangeboten Rechte Dritter, nämlich sowohl der zugelassenen Studenten wie der abgewiesenen Bewerber, und mittelbar die Ausbildungsorganisation der Hochschule. Bei der Einschätzung, welches Maß der Wahrscheinlichkeit zum Erlaß der einstweiligen Anordnung im Einzelfall ausreicht, müssen daher auch die Folgen berücksichtigt werden, die eintreten, wenn die einstweilige Anordnung getroffen wird[64]. Die Bestimmung der erforderlichen Wahrscheinlichkeit hängt also auch ab von der Intensität der Auswirkungen der einstweiligen Anordnung, nur in anderer Weise: je intensiver die einstweilige Anordnung in Rechte anderer eingreift oder Rechtsgüter jedenfalls berührt, desto höher muß die Wahrscheinlichkeit der Voraussetzungen sein, die ihren Erlaß rechtfertigen[65].

---

[62] Dazu oben 2 b bb (3), (4).

[63] Dazu nochmals HessVGH ESVGH 26, 196; OVG Berlin, DVBl. 1977, 647.

[64] Vgl. Darnstädt, 76; Nell, 183ff.

[65] Unklar insoweit Finkelnburg, Rn. 190. Keine Rolle darf dagegen insoweit der Zeitfaktor spielen. Sollten die Erkenntnisanforderungen auch hiervon bestimmt werden können (etwa dahingehend, daß die Wahrscheinlichkeit umso geringer sein müßte, je dringender die Entscheidung ist), brauchte der Antragsteller im Einzelfall nur lange genug zu warten, um mit einiger Sicherheit die begehrte Anordnung zu bekommen.

(3) Ergebnis

Als Ergebnis dieses Kapitels ist damit festzuhalten: Die Anforderungen an die Erkenntnis der tatsächlichen Voraussetzungen im Anordnungsverfahren lassen sich nicht allgemein bestimmen. Sie müssen vielmehr in jedem Einzelfall aufgrund einer Gewichtung der drohenden Gefahr und des bedrohten Rechts — anders herum: der schutzwürdigen Interessen des Antragstellers — und der betroffenen öffentlichen Interessen sowie der betroffenen Rechte Dritter festgelegt werden. Welches Maß das Gericht konkret für erforderlich hält, ist damit zwar immer noch der subjektiven Einschätzung der urteilenden Richter überantwortet. Da sie aber nicht auf einen allgemein feststehenden Erkenntnisgrad verweisen können, werden sie in jedem Einzelfall darüber Rechenschaft zu geben haben, warum sie ein bestimmtes Maß an Wahrscheinlichkeit als erforderlich angesehen haben, und begründen müssen, warum es im Einzelfall erreicht oder verfehlt worden ist. Die Entscheidung beruht dann nach wie vor auf einem subjektiven Erkenntnisakt. Dieser wird aber überprüfbar, da die für ihn maßgeblichen Kritierien dargestellt und gewichtet werden müssen. Ein solches Urteil vermag daher mehr zu überzeugen als die heute oft zu findende Behauptung, die tatsächlichen Voraussetzungen der begehrten Anordnung seien nicht „überwiegend wahrscheinlich".

4. Zwischenergebnis: Die Erforschung des Sachverhalts im Anordnungsverfahren

Aus den gewonnenen Erkenntnissen können nunmehr Leitlinien für die gerichtliche Ermittlungstätigkeit im Anordnungsverfahren entwickelt werden; in diesem Zusammenhang werden sich auch die noch offenen Auslegungsfragen beantworten lassen.

a) Die gesetzliche Ausgangslage

Nach der Gesetzesfassung muß der Antragsteller zwar die den Anordnungsanspruch und den Anordnungsgrund begründenden Tatsachen vortragen (§ 920 Abs. 1 ZPO) und mit Hilfe von Beweismitteln glaubhaft machen (§ 920 Abs. 2 ZPO). Gleichwohl erforscht das Gericht den Sachverhalt von Amts wegen, § 86 Abs. 1. Das heißt: wie im Verwaltungsprozeß sonst auch sammeln im Anordnungsverfahren die Beteiligten und das Gericht gemeinsam den entscheidungserheblichen Tatsachenstoff und bestimmt das Gericht schließlich in eigener Verantwortung die tatsächliche Grundlage seiner Entscheidung. Soweit in § 920 Abs. 2 ZPO nur eine Aufforderung an den Antragsteller gesehen wird, die für die Entscheidung erforderlichen Beweismittel nach Möglichkeit schon zusammen mit seinem Antrag vorzulegen, ist die Geltung der Vorschrift unproblematisch; diese Regelungswirkung beschleunigt das Verfahren, geht über die Pflichten des Klägers gemäß § 82 Abs. 1 zwar hinaus[1], berührt aber nicht den

[1] Dazu oben 2 a.

Untersuchungsgrundsatz. Das Gericht ist daher nicht von vornherein und ganz allgemein dazu gezwungen, in jedem Fall eigene Ermittlungen anzustellen und von sich aus nach allen nur irgend denkbaren entscheidungserheblichen Tatsachen zu forschen. Das hängt vielmehr vom Vorbringen des Antragstellers ab. Grundsätzlich kann das Gericht also ohne Verstoß gegen § 86 Abs. 1 schon allein aufgrund des Vorbringens des Antragstellers entscheiden[2]. Die Geltung des Untersuchungsgrundsatzes verhindert aber die Ablehnung des Antrags mit der Begründung, der Antragsteller habe in seiner Antragsschrift die Voraussetzungen der begehrten einstweiligen Anordnung nicht glaubhaft gemacht. Eine solche Entscheidung würde den Eintritt der vom Antragsteller befürchteten tatsächlichen Veränderungen begünstigen können, die unter Umständen das spätere Hauptsacheverfahren obsolet werden ließen. Unzureichender Tatsachenvortrag oder Beweisantritt können daher nur Anlaß für die Prüfung sein, ob das Gericht Ermittlungen anstellen soll oder nicht.

Die Herabstufung der Erkenntnisanforderungen[3] kann allerdings zu einer Verminderung der Zahl der Fälle führen, in denen das Gericht zu ermitteln hat: Müssen die tatsächlichen Voraussetzungen der einstweiligen Anordnung nur in einem hinreichenden, der Bedeutung des geltend gemachten Rechts und der ihm drohenden Beeinträchtigungen adäquaten Maß wahrscheinlich sein, wird sich möglicherweise nicht so oft ein Grund für Ermittlungen ergeben wie im Normalfall, in dem sich das Gericht Gewißheit über den Sachverhalt verschaffen muß.

b) Die Notwendigkeit gerichtlicher Ermittlungen

Die Voraussetzungen für die Notwendigkeit gerichtlicher Nachforschungen ergeben sich aus der Regelung des Verfahrensablaufs einerseits, den Erkenntnismaßstäben im Anordnungsverfahren andererseits. Nach Eingang der Antragsschrift stellt sich zunächst die Frage, ob die vom Antragsteller vorgelegten Informationen über den Sachverhalt den Erlaß einer einstweiligen Anordnung schon rechtfertigen können. Zu ihrer Beantwortung muß das Gericht prüfen, ob die tatsächlichen Behauptungen des Antragstellers die in § 123 Abs. 1 abstrakt umschriebenen Voraussetzungen konkret erfüllen können[4] und ob die beigefüg-

---

[2] Beispiel: OVG Hamburg NVwZ 1982, 448 (dazu schon oben 1. Abschnitt, Kapitel II 1 b).

[3] Dazu oben 3 b bb.

[4] Methodisch entspricht dies dem Vorgehen im Rahmen einer Schlüssigkeitsprüfung, bei der die Wahrheit der Behauptungen des Antragstellers unterstellt und geprüft wird, ob dieser Sachverhalt unter den einschlägigen Rechtssatz vollständig subsumiert werden kann. Die Zulässigkeit einer solchen Prüfung im Verwaltungsprozeß wird zuweilen unter Hinweis auf § 86 Abs. 1 in Frage gestellt; so etwa von Kopp, VwGO, Rn. 22 vor § 40 m.w.N. Die Geltung des Untersuchungsgrundsatzes hat jedoch nur zur Folge, daß der Antrag im Fall der Unschlüssigkeit des Vorbringens des Antragstellers noch nicht automatisch zurückgewiesen werden darf. Um festzustellen, welche Tatsachen noch in Erfahrung gebracht werden müssen, ist eine Schlüssigkeitsprüfung durchaus sinnvoll. Vgl. auch Erichsen, Jura 1984, 644 (649f.); Finkelnburg/*Jank*, Rn. 300.

ten Beweismittel sie in dem im Einzelfall erforderlichen, schon in diesem Stadium des Verfahrens also zu bestimmenden Maß bestätigen — oder, anders gewendet: ob der im Einzelfall gegebene Grad der Bestätigung der tatsächlichen Behauptungen durch die vorgelegten Beweismittel angesichts der Bedeutung des Rechts des Antragstellers und der ihm drohenden Gefahr schon ausreicht, um eine einstweilige Anordnung als nötig erscheinen zu lassen. Führt (mindestens) eine der beiden Prüfungen zu einem negativen Ergebnis, kommen Ermittlungen durch das Gericht in Betracht.

Der Sinn von Ermittlungen könnte allerdings aufgrund folgender Überlegungen in Frage gestellt werden: Die entscheidungserheblichen Tatsachen müssen zwar hinreichend wahrscheinlich sein. Das bedeutet aber nicht, daß es darauf ankommt, *die* Wahrscheinlichkeit dieser Tatsachen festzustellen. Allenfalls die Wahrheit einer tatsächlichen Behauptung oder die Wirklichkeit kann Erkenntnisziel im Prozeß sein, eine — abstrakte — Wahrscheinlichkeit jedoch nicht. Das Urteil über die Wahrscheinlichkeit einer Behauptung oder einer Annahme hinsichtlich eines Sachverhalts wird vielmehr immer aufgrund von konkret vorliegenden Informationen über den Sachverhalt und vergleichbare Sachverhalte abgegeben[5]. Es kann also in jeder beliebigen Verfahrenssituation getroffen werden. Dementsprechend führt ja auch erst die Feststellung, daß die tatsächlichen Voraussetzungen der einstweiligen Anordnung im Einzelfall noch nicht *hinreichend* wahrscheinlich sind, zu der Frage, ob nach weiteren Informationen gesucht werden soll. Welches Ziel sollte diese Suche jedoch haben, wenn Wahrscheinlichkeit als solche nicht Erkenntnisgegenstand sein kann?

Aus der Informationsabhängigkeit eines Wahrscheinlichkeitsurteils ergibt sich aber zugleich auch die Antwort. Das Wahrscheinlichkeitsurteil kann sich mit jeder neuen Information verändern. Die Sammlung zusätzlicher Informationen kann daher zu einer Verbesserung der Urteilsgrundlage führen: Neue tatsächliche Erkenntnisse ergänzen die vorliegenden Informationen und ermöglichen eine umfassendere Einschätzung des tatsächlichen Geschehens; zusätzliche Beweismittel können die vom Antragsteller vorgebrachten tatsächlichen Behauptungen in einem höheren Maß bestätigen oder falsifizieren[6].

So sinnvoll also gerichtliche Ermittlungen auch im Anordnungsverfahren sind, so wenig kann jedoch vom Gericht gefordert werden, alle nur irgend denkbaren Möglichkeiten einer Verbesserung der tatsächlichen Grundlage des Urteils auszuschöpfen — und seine Entscheidung über den Antrag entsprechend lange aufzuschieben. Es wird nämlich immer möglich sein, durch abstrakt denkbare weitere Erkenntnisse die Qualität des Wahrscheinlichkeitsurteils zu erhöhen. Dagegen spricht aber in noch stärkerem Maß als im normalen Verfahren der Zwang zur Entscheidung, die im Anordnungsverfahren noch

---

[5] Dazu schon oben 3 b aa und hier noch Darnstädt, 55f.; Greger, 45; Nell, 57f., 115f.

[6] Aus der Informationsabhängigkeit des Wahrscheinlichkeitsurteils folgt die Forderung nach Berücksichtigung aller relevanten Informationen; vgl. oben 3 b aa (3) (b) und Darnstädt, 49ff., 77f.; Nell, 205f.

besonders eilbedürftig ist. Die Suche nach weiteren Erkenntnissen kann aber gerade zur Folge haben, daß die befürchtete Beeinträchtigung nach Abschluß der Ermittlungen nicht mehr verhindert werden könnte, weil sie mittlerweile schon eingetreten ist. Aufgrund dessen muß die Frage, ob das Gericht zusätzliche Tatsachen oder zusätzliche Beweismittel oder zusätzliche Tatsachen und zusätzliche Beweismittel in Erfahrung bringen muß, nicht nur unter Berücksichtigung der Zweckmäßigkeit solcher Ermittlungen[7], sondern vor allem im Hinblick auf die zur Verfügung stehende Zeit beantwortet werden. Die einstweilige Anordnung, deren Erlaß die Ermittlungen möglich machen sollen, muß auch nach Abschluß der Sachaufklärung ihren Sicherungszweck noch erreichen können. Auch insoweit kommt es wieder auf die Umstände des Einzelfalls an. Eine absolute zeitliche Grenze markiert — für den Fall irreparabler Veränderungen — nur der Zeitpunkt des Eintritts der befürchteten Rechtsvereitelung oder der wesentlichen Nachteile; im übrigen können Ermittlungen aber je nach Grad der Wahrscheinlichkeit und der zeitlichen Nähe der Vereitelung oder der wesentlichen Nachteile sowie der Wahrscheinlichkeit anderer in der Zwischenzeit zu befürchtender Nachteile auch schon vor diesem Zeitpunkt als unzulässsig erscheinen[8]. Das Gericht muß also — zusammengefaßt — den möglichen Nutzen zusätzlicher Erkenntnisse mit den möglicherweise während der dafür aufzuwendenden Zeit eintretenden Nachteilen für den Antragsteller abwägen. Dafür gilt wieder die Regel: je schlimmer die Bedrohung für den Antragsteller ist, desto eher läßt es sich rechtfertigen, die begehrte einstweilige Anordnung auch unter Verzicht auf eine weitergehende Aufklärung zu treffen; dies umso mehr, als mit einer solchen Maßnahme irreparable Zustände ohnehin nicht geschaffen werden dürfen und eine abschließende Prüfung des vom Antragsteller geltend gemachten Rechts im Hauptsacheverfahren möglich ist. Drohen weniger intensive Beeinträchtigungen, kann dem Antragsteller unter Umständen indes zugemutet werden, sein Recht im Hauptsacheverfahren zu verfolgen — und auf weitere Ermittlungen verzichtet werden. Die Geltung des Untersuchungsgrundsatzes steht dem nicht entgegen — diese Entscheidung ist gerade Ausdruck der Unabhängigkeit des Gerichts von dem prozessualen Verhalten der Beteiligten.

c) Die anwendbaren Verfahrensvorschriften

Sind nunmehr die Erkenntnisanforderungen und die Voraussetzungen der gerichtlichen Ermittlungstätigkeit im Anordnungsverfahren allgemein geklärt, läßt sich auch die Frage beantworten, welche Verfahrensvorschriften im

[7] Wie im normalen Verfahren sind Ermittlungen nur dann angebracht, wenn die Möglichkeit besteht, entscheidungsrelevante Erkenntnisse überhaupt gewinnen zu können; dazu allgemein Kopp, VwGO, § 86 Rn. 5-7, 12; Redeker/von Oertzen, § 86 Anm. 9-11; Ule, Verwaltungsprozeßrecht, § 26 II.

[8] Das entspricht der Forderung, das Wahrscheinlichkeitsurteil im letztmöglichen Zeitpunkt zu treffen; vgl. Darnstädt, 81; Nell, 206.

einzelnen angewendet werden können. Dabei wird sich zeigen, daß sich die Bedeutung des § 920 Abs. 2 ZPO für die Feststellung des Sachverhalts im Anordnungsverfahren erheblich von derjenigen im Arrest- und Verfügungsverfahren nach der Zivilprozeßordnung unterscheidet.

Gegen eine Glaubhaftmachung der tatsächlichen Voraussetzungen der einstweiligen Anordnung mittels eidesstattlicher Versicherungen entsprechend § 294 Abs. 1 ZPO sprechen verwaltungsprozeßrechtliche Gründe nicht. Diese Voraussetzungen brauchen nur wahrscheinlich zu sein, und ein Urteil darüber ist auch aufgrund eidesstattlicher Erklärungen möglich. Welcher Beweiswert einer solchen Erklärung im Einzelfall zukommt, kann im Rahmen der Beweiswürdigung angemessen beurteilt werden.

Ermöglichen aber Vorbringen und Beweismittel des Antragstellers kein hinreichend sicheres Urteil, darf das Gericht nicht einfach unter Hinweis auf § 294 Abs. 2 ZPO auf weitere Aufklärung des Sachverhalts verzichten. Die Geltung des Untersuchungsgrundsatzes schließt eine solche Vorgehensweise nämlich unabhängig von der etwa noch zu präzisierenden Bedeutung dieser Vorschrift aus. Denn andernfalls wäre es im Ergebnis doch wieder Sache des Antragstellers, die tatsächliche Grundlage für die Entscheidung über seinen Antrag zu bestimmen. Das aber überantwortet § 86 Abs. 1 dem Gericht.

Dementsprechend bestehen grundsätzliche Bedenken, § 294 Abs. 2 ZPO überhaupt im verwaltungsgerichtlichen Eilverfahren anzuwenden. Die Vorschrift läßt eine Beweisaufnahme nur „sofort", also im Zeitpunkt der Einreichung des Gesuchs zu und beschränkt sie insoweit auf die zu diesem Zeitpunkt vorliegenden Beweismittel. Im Zivilprozeß ist das konsequent, da das Gericht ohnehin keine eigenen Ermittlungen anstellt. Allerdings soll ein Beweisantritt mit Hilfe nicht präsenter Beweismittel beachtlich sein, wenn die Beweismittel jedenfalls bis zum Zeitpunkt der Entscheidung vorliegen. Das wird in der Regel nur dann der Fall sein können, wenn das Gericht eine mündliche Verhandlung für notwendig erachtet und es trotz dieser Beweisaufnahme nicht zu Verzögerungen kommt[9]. Regelfall ist nach der Zivilprozeßordnung jedoch immer noch die Entscheidung aufgrund des Gesuchs — im Verwaltungsprozeß kann das nur die Ausnahme bleiben.

Die Anwendbarkeit des § 294 Abs. 2 ZPO kann auch nicht mit der Überlegung gerechtfertigt werden, die Vorschrift erstrecke sich nur auf solche Tatsachen und Beweismittel, die der Sphäre des Antragstellers entstammen[10]. Diese Beschränkung findet im Wortlaut des § 294 Abs. 2 ZPO kcinc Stütze. Die Beurteilung der „hinreichenden" Wahrscheinlichkeit der nicht aus der Sphäre des Antragstellers stammenden Tatsachen erforderte ja unter Umständen doch wieder die Durchführung einer Beweisaufnahme; § 294 Abs. 2 ZPO gilt aber

[9] Vgl. zu alledem Stein/Jonas/Leipold, § 294 Rn. 9; Wieczorek, § 294 Erl. B I a; Zöller/Stephan, § 294 Rn. 3.

[10] Martens, 217 Fn. 45.

nicht für bestimmte „Sphären", sondern erklärt jede Beweisaufnahme für unzulässig, die nicht sofort erfolgen kann. Die entsprechende, doch solchermaßen modifizierte Anwendung der Vorschrift ist aber auch gar nicht erforderlich, um den Antragsteller zur Vorlage ihm verfügbarer Beweismittel anzuhalten[11]. Dem Gericht stehen andere Mittel zur Verfügung, eine schnelle Entscheidung treffen zu können: Hat der Antragsteller eine möglicherweise entscheidungserhebliche Tatsache, von deren Existenz nur er (oder er am besten) wissen kann, nach einer Aufforderung entsprechend § 82 Abs. 2 nicht dargetan oder entsprechende Beweismittel nicht vorgelegt, besteht auch kein Erfordernis, den Sachverhalt insoweit durch gerichtliche Ermittlungen weiter aufzuklären. Vielmehr liegt dann die Annahme nahe, solche Ermittlungen würden ergebnislos bleiben. Versäumnisse des Antragstellers wirken sich also bei der Entscheidung über die weitere Sachaufklärung aus, und zwar auch dann, wenn § 294 Abs. 2 ZPO nicht entsprechend herangezogen wird.

Daß das Gericht andererseits nicht grenzenlos ermitteln darf, ist angesichts der Eilbedürftigkeit der Entscheidung eine Selbstverständlichkeit; sie folgt schon aus dem Sicherungszweck, der mit der einstweiligen Anordnung verfolgt wird. Daher besteht auch kein Anlaß, in § 294 Abs. 2 ZPO eine nochmalige ausdrückliche Normierung dieser Selbstverständlichkeit zu suchen. Vielmehr sollte auf die nur zu Mißverständnissen Anlaß gebende entsprechende Anwendung des § 294 Abs. 2 ZPO ganz verzichtet werden — bei der Lösung der Probleme des verwaltungsgerichtlichen Eilverfahrens ist sie entbehrlich.

Reicht also das Vorbringen des Antragstellers nicht aus, muß das Gericht unter Berücksichtigung der Eilbedürftigkeit versuchen, den Sachverhalt mit Hilfe der Beteiligten aufzuklären. Insoweit ist eine entsprechende Anwendung der Vorschriften über das Verfahren im ersten Rechtszug möglich und sinnvoll. Mittel der Aufklärung sind demgemäß Aufforderungen und Anregungen an den Antragsteller entsprechend §§ 82 Abs. 2; 86 Abs. 3; 87. Dabei ist auch der Antragsgegner mit einzubeziehen. Ob das analog § 85 schon bei oder durch Zustellung der Antragsschrift geschieht oder eine Stellungnahme etwa fernmündlich eingeholt wird[12], ist vor allem eine Frage der zur Verfügung stehenden Zeit. Ist der Antragsgegner eine Behörde, kann die Vorlage von Akten entsprechend § 99 Abs. 1 die Entscheidungsgrundlage verbessern. Sie sollten eine Sammlung des entscheidungserheblichen Tatsachenmaterials enthalten, da auch die Behörde zu umfassender Aufklärung verpflichtet ist (§ 24 VwVfG), und dem Gericht daher einen für die Eilentscheidung ausreichenden Eindruck von der Sachlage verschaffen können[13].

---

[11] Dieses Motiv liegt offenbar der Argumentation von Martens (Fn. 10) zugrunde.

[12] Beispiel: VGH Baden-Württemberg NVwZ 1984, 254 (255) — dazu schon oben 1. Abschnitt, Kapitel II 1 Fn. 36.

[13] Generell für eine Beiziehung der Behördenvorgänge Finkelnburg/*Jank*, Rn. 303.

5. § 920 Abs. 2 ZPO als Entscheidungsregel für den Fall nicht hinreichender Wahrscheinlichkeit? Zur „Beweislast" im Anordnungsverfahren

Zu untersuchen ist noch die Plausibilität der letzten möglichen Antwort auf die Frage nach der Bedeutung des § 920 Abs. 2 ZPO im Anordnungsverfahren: das Erfordernis der Glaubhaftmachung als besondere Regelung der Beweislast[1] zu interpretieren. Diese Antwort beruht auf seiner Bedeutung im zivilgerichtlichen Eilverfahren. Bringt es dort im Zusammenhang mit § 294 Abs. 2 ZPO und dem Beibringungsgrundsatz die Pflicht des Antragstellers zum Ausdruck, dem Gericht durch Vorlage geeigneter Beweismittel eine sofortige Überzeugungsbildung zu ermöglichen[2], so könnte dem Antragsteller damit auch ganz allgemein und umfassend das Risiko des Mißlingens der Beweisführung aufgebürdet sein: bei Ungewißheit über den entscheidungserheblichen Sachverhalt müßte der Antrag eben erfolglos bleiben[3]. Ist nun zwar einerseits eine § 920 Abs. 2 etwa zu entnehmende Beweisführungspflicht des Antragstellers im verwaltungsgerichtlichen Eilverfahren wegen der Geltung des § 86 Abs. 1 irrelevant, so steht andererseits der Annahme, der Antragsteller trage grundsätzlich das Aufklärungsrisiko, offenbar nichts im Weg: Auch wenn das Gericht zu ermitteln hat, ob die tatsächlichen Voraussetzungen der einstweiligen Anordnung gegeben sind, ist ja der Fall denkbar, daß diese Feststellung nicht getroffen werden kann; und § 86 Abs. 1 kann insoweit die Niederlage im Prozeß nicht verhindern. Es ist also zu prüfen, ob § 920 Abs. 2 ZPO für diesen Fall die Entscheidungsregel bereit hält, daß jede Unklarheit im tatsächlichen Bereich zur Abweisung des Antrags auf einstweilige Anordnung führt[4].

Dabei können allerdings die von zivilprozeßrechtlicher Seite für die unterschiedlichen Auffassungen vorgebrachten Argumente außer Betracht bleiben. Ausgangspunkt jener Überlegungen ist zwar auch die Frage nach einer Regelung der „objektiven" Beweislast durch § 920 Abs. 2 ZPO[5]; mit ihnen wird

---

[1] Zum Begriff sogleich im Text.

[2] Baumbach/Lauterbach, § 294 Erl. 4 und die Nachweise oben 1. Abschnitt, Kapitel I Fn. 2.

[3] Daher würde der Antragsteller die „objektive" oder „materielle" Beweislast oder „Feststellungslast" tragen; dazu nur — allgemein — Greger, 11; Leipold, Beweislastregeln, 18; Musielak/Stadler, Rn. 213; Rosenberg/Schwab, § 118 I 3; für das Verwaltungsprozeßrecht Berg, 166, 170; Kopp, VwGO, § 108 Rn. 11; Peschau, 11 f.; Redeker/von Oertzen, § 108 Anm. 10; Ule, Verwaltungsprozeßrecht, § 50 I 1. Infolgedessen soll nach einer im zivilprozeßrechtlichen Schrifttum umstrittenen Ansicht auch die Unaufklärbarkeit solcher Tatsachen zu Lasten des Antragstellers gehen, die im Normalverfahren der Gegner beweisen müßte; vgl. dazu nur den Überblick und die Nachweise bei Hirtz, NJW 1986, 110 f. (Fn. 1-3) nebst einem neuerlichen Begründungsversuch (112); Stein/Jonas/Grunsky, § 920 Rn. 10 f.; Vorbemerkung vor § 935, Rn. 61.

[4] So offenbar OVG Münster OVGE 11, 2 (4); DVBl. 1958, 66 (68) = NJW 1958, 354 (356) — dazu schon oben 2 zu Fn. 40 f.

[5] Vgl. dazu die Nachweise oben Fn. 3.

aber im Ergebnis darüber entschieden, ob Arrest und einstweilige Verfügung eine Glaubhaftmachung durch den Antragsteller auch dahingehend voraussetzen, daß seinem Anspruch Einwendungen oder Einreden, die an sich der Antragsgegner geltend zu machen hätte, nicht entgegenstehen. Diese Frage stellt sich so nur unter der Geltung des Beibringungsgrundsatzes; dementsprechend ist die jeweilige Lösung vor allem von der Einschätzung der Schutzbedürftigkeit des Antragsgegners in der besonderen prozessualen Situation des zivilgerichtlichen Eilverfahrens bestimmt[6]. Im Verwaltungsprozeß nimmt § 86 Abs. 1 diesem Problem die Schärfe.

a) Die Situation der Ungewißheit im normalen Prozeß und im Anordnungsverfahren

Es ist jedoch schon zweifelhaft, ob es im Rahmen des Anordnungsverfahrens jene tatsächliche Ungewißheit überhaupt geben kann, die allein die Suche nach einer Beweislastnorm und deren Anwendung rechtfertigt. Nur unter dieser Voraussetzung gäbe es aber überhaupt einen Grund dafür, § 920 Abs. 2 ZPO als eine solche Regel für die Bestimmung der Beweislast anzusehen. Denn die Entscheidung aufgrund einer Beweislastregel setzt den Zustand der Beweislosigkeit voraus. Beweislosigkeit aber ist erst gegeben, wenn der Sachverhalt auch nach Ausschöpfung aller in Betracht kommenden Erkenntnismittel ungewiß bleibt, das Gericht sich also vom Vorliegen jedenfalls einzelner tatsächlicher Umstände, die erst die Anwendung einer Rechtsnorm begründen würden, auch nach umfassender Beweisaufnahme nicht hat überzeugen können[7]. Im Eilverfahren kann es zu der so definierten Beweislosigkeit gar nicht kommen. Für den Erlaß einer einstweiligen Anordnung brauchen die ihre gesetzlichen Voraussetzungen erfüllenden tatsächlichen Umstände nicht wirklich gegeben zu sein; vielmehr genügt schon jeweils ein von der Bedeutung der im Einzelfall betroffenen Rechtsgüter und der Intensität der ihnen drohenden Beeinträchtigungen abhängiger Grad von Wahrscheinlichkeit. Wird im normalen Prozeß Gewißheit angestrebt, so entscheidet das Gericht über den Antrag auf einstweilige Anordnung grundsätzlich immer (schon oder noch) unter Ungewißheit. Dementsprechend braucht es auch den Sachverhalt nicht umfassend aufzuklären, sondern kann eine etwa aufgenommene Ermittlungstätigkeit abbrechen, wenn sie zu einem hinreichenden Ergebnis geführt hat oder aus den besonderen

---

[6] Vgl. Stein/Jonas/Grunsky, §920 Rn. 11; Teplitzky, JuS 1981, 122 (124f.); Thomas/Putzo, Vorbemerkung 4 vor §916; Wieczorek, §920 Erl. B I c 1; Zöller/Vollkommer, §922 Rn. 5, §935 Rn. 8.

[7] Ganz allgemeine Meinung; vgl. Baumbach/Lauterbach, Anhang § 286, Erl. 1 A; Grunsky, Grundlagen, § 41 I, III 1; Hirtz, NJW 1986, 110 (112); Leipold, Beweislastregeln, 22; Musielak/Stadler, Rn. 193ff.; Rosenberg/Schwab, § 118 I 1; Stein/Jonas/Leipold, § 286 Rn. 25. Für den Verwaltungsprozeß: Berg, 166, 170, 172; Kopp, VwGO, § 108 Rn. 11; Marx, 173f.; Michael, 38, 48; Peschau, 11f.; Stern, 153; Tietgen, Gutachten, 11; Ule, Verwaltungsprozeßrecht, § 50 II 1.

Gründen des Eilverfahrens nicht mehr fortgesetzt werden darf[8]. Entscheidet das Gericht also grundsätzlich nur unter der Voraussetzung nach Beweislastregeln, daß es sich Gewißheit über den Sachverhalt verschaffen muß und alle Aufklärungsbemühungen gescheitert sind, dann ist der Begriff der Beweislast für das Anordnungsverfahren, in dem diese Voraussetzungen nicht erfüllt sind, offenbar ohne Bedeutung.

Dagegen spricht allerdings der Einwand, daß es Ungewißheit in ganz unterschiedlicher Intensität geben kann und sich daher auch im Eilverfahren eine der Ungewißheit im Normalprozeß entsprechende, gleichsam „qualifizierte" Ungewißheit einstellen kann. Das ist der Fall, wenn das Gericht im Rahmen seiner Überzeugungsbildung zu dem Ergebnis kommt, daß die vorliegenden Erkenntnisse noch nicht den Schluß zulassen, die tatsächlichen Voraussetzungen der begehrten einstweiligen Anordnung seien mit dem im konkreten Fall hinreichenden Grad von Wahrscheinlichkeit erwiesen; daß also — anders ausgedrückt — das tolerable Maß an Ungewißheit noch unterschritten ist. Einer — wie sonst auch erforderlichen — zusätzlichen Regel, die dem Gericht unter diesen Umständen die Entscheidung ermöglicht, bedürfte es gleichwohl nur dann, wenn diese Situation in rechtlicher Hinsicht ebenso wie die Situation der Ungewißheit im normalen Prozeß zu beurteilen wäre, die Prämissen der Entscheidung also in beiden Fällen gleich wären, so daß auch die gleichen Regeln zur Lösung von Entscheidungsschwierigkeiten angewendet werden könnten. Zwischen beiden Verfahren besteht insoweit jedoch ein grundlegender Unterschied, der dazu führt, daß es im Eilverfahren trotz der offenkundigen Vergleichbarkeit der Situation nicht zu einer Entscheidung nach Beweislastregeln kommt.

Dieser Unterschied kann folgendermaßen verdeutlicht werden: Im normalen Erkenntnisverfahren wird über die Anwendung materieller Rechtssätze entschieden, die bestimmte Rechtsfolgen davon abhängig machen, daß die im jeweiligen Tatbestand beschriebenen Voraussetzungen in der Wirklichkeit erfüllt sind. Liegen die für die Rechtsfolge erheblichen Tatsachen vor, gilt die Rechtsfolge; umgekehrt tritt sie nicht ein, wenn diese Tatsachen nicht gegeben sind. Selbst wenn das Prozeßrecht eine Entscheidung über die Rechtsfolge schon zuläßt, wenn der Richter vom Vorliegen ihrer tatsächlichen Voraussetzungen überzeugt ist[9], hängt ihr Eintritt (oder Nichteintritt) letztlich von einer insoweit eindeutigen Erkenntnis des Richters ab. Ist aber eine tatsächliche Voraussetzung zweifelhaft, gilt dies auch für die Rechtsfolge: aufgrund der Zweifel bleibt gerade offen, ob die rechtserhebliche Tatsache existiert oder nicht; daher ist auch weder eine positive noch eine negative Anwendung der Rechtsnorm möglich. Für den Fall der Ungewißheit enthält die materielle Rechtsnorm also keine Regelung[10].

---

[8] Zu alledem nochmals oben 3, 4.

[9] § 286 Abs. 1 ZPO, § 108 Abs. 1. VwGO; dazu oben 3 b aa.

[10] Ausnahmen davon bestätigen nur die Regel; zu ausdrücklichen Beweislast-Sonderregeln Musielak / Stadler, Rn. 203, 232 ff.

Diese Lücke zu füllen ist die Funktion der Beweislastregeln[11]; mit ihrer Hilfe kann trotz tatsächlicher Ungewißheit eine Entscheidung über die Rechtsfolgen getroffen werden.

Im Unterschied dazu entscheidet das Gericht im Eilverfahren gar nicht über das materielle Recht[12]. Die einstweilige Anordnung ist die Rechtsfolge einer Norm des Prozeßrechts. Sie soll die Wirksamkeit der Rechtsverfolgung in einem normalen Gerichtsverfahren gewährleisten und zu diesem Zweck das geltend gemachte Recht vorläufig sichern oder ein streitiges Rechtsverhältnis einstweilen regeln. Eine endgültige rechtliche Regelung wird mit ihr grundsätzlich nicht getroffen; aus diesem Grund genügt für ihren Erlaß die bloße Wahrscheinlichkeit des „Anordnungsanspruchs" und des „Anordnungsgrunds", ist eine umfassende Aufklärung des Sachverhalts nicht erforderlich. Und im Gegensatz zu Rechtsnormen des materiellen Rechts, die unmittelbar rechtliche Wirkung entfalten, sind die Rechtswirkungen des § 123 Abs. 1 abhängig von der Erkenntnis ihrer tatsächlichen Voraussetzungen durch den Richter. Die von der Vorschrift vorgesehene „Rechtsfolge" knüpft mithin nicht am wirklichen Vorliegen bestimmter Tatsachen an, sondern ausschließlich an ihrer Feststellung im Prozeß[13].

Daraus ergibt sich, daß sich das für den Normalprozeß beschriebene Entscheidungsproblem bei tatsächlicher Ungewißheit im Eilverfahren gar nicht stellt: Weil Rechtsnormen des materiellen Rechts Rechtsfolgen an die Wirklichkeit, nicht an die richterliche Erkenntnis knüpfen[14], kann über ihre Anwendbarkeit bei Ungewißheit nur mit Hilfe zusätzlicher Normen entschieden werden. § 123 Abs. 1 macht aber den Erlaß einer einstweiligen Anordnung abhängig von einer Beurteilung der Wahrscheinlichkeit des Vorliegens ihrer tatsächlichen Voraussetzungen durch den Richter — eine eindeutige positive oder negative Feststellung von Tatsachen ist also nicht nötig. Ob die im Einzelfall notwendige Wahrscheinlichkeit erreicht ist oder nicht, kann aber jeweils eindeutig festgestellt werden. Ist sie nicht erreicht, kann das Gericht weitere Aufklärung erwägen — das Ergebnis hängt ab von dem potentiellen Erkenntnisgewinn und der zur Verfügung stehenden Zeit[15]. Führen aber auch zusätzliche Ermittlungen nicht weiter oder sind sie aus Zeitgründen unzulässig, kann ohne Anwendung

---

[11] Dazu insbes. Berg, 172, 174 (m.w.N.); Greger, 1, 11ff.; Leipold, Beweislastregeln, 19ff., 32ff., 59; Musielak/Stadler, Rn. 194, 195; Peschau, 11ff.; Rosenberg/Schwab, § 118 I 2. Ungenau Tietgen, Gutachten, 36 (zur Kritik vgl. Leipold, 32ff.). In welcher Weise die Beweislastregeln diese Funktion erfüllen — dazu Berg, 175; Leipold, Beweislastregeln, 59ff.; Musielak/Stadler, Rn. 196f.; Peschau, 12 m. Fn. 4 —, ist im vorliegenden Zusammenhang nicht von Bedeutung; hier genügt die Feststellung, daß erst mit ihrer Hilfe eine eindeutige Rechtsentscheidung bei tatsächlicher Ungewißheit getroffen werden kann.

[12] Dazu schon oben 2 b bb (2).

[13] Zu diesem Unterschied und seinen Auswirkungen Leipold, Beweislastregeln, 22ff.

[14] Dazu ebenfalls Leipold, a.a.O. und 29f.; siehe auch Greger, 1, 11f.; Musielak/Stadler, Rn. 194.

[15] Dazu schon oben 4.

einer Beweislastregel entschieden werden, daß der Erlaß einer einstweiligen Anordnung unterbleibt. Denn mit dieser Entscheidung wird nicht zugleich unterstellt, die rechtserheblichen Tatsachen existierten nicht, sondern lediglich die Konsequenz daraus gezogen, daß sie nicht im hinreichenden, aufgrund einer Abwägung konkret bestimmten Maß wahrscheinlich sind. Einer „Krücke" in Gestalt einer Beweislastregel bedarf es in diesem Fall nicht[16].

b) Beweislastentscheidungen im Anordnungsverfahren?

Gleichwohl wird im Schrifttum[17] vereinzelt die Frage erörtert, wie zu entscheiden sei, wenn die tatsächlichen Voraussetzungen der begehrten einstweiligen Anordnung insofern unklar bleiben, als für ihr Vorliegen nicht der erforderliche Grad von Wahrscheinlichkeit spricht; und dies offenkundig unter der Prämisse, es handele sich dabei um eine Entscheidung nach der Beweislast[18]. Wird dabei einerseits die Verteilung der „Beweislast" noch einhellig nach den „allgemeinen" Regeln beurteilt, so sind andererseits die angebotenen Antworten aber im gleichen Maß verschieden, wie diese „allgemeinen" Regeln diffus bleiben. So soll etwa die Unerweislichkeit der tatsächlichen Voraussetzungen der einstweiligen Anordnung schon deshalb zu Lasten des Antragstellers gehen, weil dieser eine ihm günstige Rechtsposition geltend macht[19] — hier wird also die behauptete „allgemeine" Beweislastregel auf den Tatbestand des § 123 Abs. 1 bezogen[20] —, während nach einer anderen Ansicht die Beweislast im Eilverfahren der Verteilung der Beweislast im Hinblick auf das zu sichernde Recht oder Rechtsverhältnis folgen soll. Das führt insoweit zu einer differenzierten Lösung, als dann auch im Eilverfahren der Antragsgegner „beweisbelastet" sein kann: Soll durch die einstweilige Anordnung beispielsweise ein Unterlassungsanspruch gesichert werden, gehen danach Unklarheiten über die Voraussetzungen des von der Behörde behaupteten Rechts zum Handeln zu ihren Lasten[21].

---

[16] Leipold, Beweislastregeln, 23.
Berg (22, 117, 170) sieht die „Glaubhaftmachung" als Technik zum Abfangen tatsächlicher Ungewißheit an, hält aber trotzdem Beweislastentscheidungen für möglich, 179f., 225; vgl. demgegenüber 131. Zu Beweislastentscheidungen unter dem Kriterium „überwiegende Wahrscheinlichkeit" Greger, 13; Peschau, 15.

[17] Als Beispiel für die — seltenen — gerichtlichen Entscheidungen unter „Beweislosigkeit" nochmals OVG Münster (Fn. 4). Eine eigenständige Beweislastregel liegt diesen Entscheidungen allerdings nicht zugrunde.

[18] Baur, Studien, 39ff.; Lippert, DVBl. 1977, 558 (560); Quaritsch, VerwArch 51 (1960), 371f. („Feststellungslast"); Rohmeyer, 203; Tietgen, Gutachten, 35; Wieseler, 173; ihnen folgend Finkelnburg/*Jank*, Rn. 307. Eine bloße Behauptung findet sich bei Redeker/von Oertzen, 123 Anm. 1. Von der Möglichkeit einer Beweislastentscheidung geht auch Berg aus, 179f.

[19] — die darin zu sehen sein soll, daß er schon vor einer rechtskräftigen Entscheidung eigene Rechte vorläufig sichern lassen will; so Rohmeyer (Fn. 18).

[20] Ähnlich, wenn auch mit anderer Begründung Quaritsch und offenbar auch Redeker/von Oertzen (Fn. 18).

[21] Baur, Studien, 41f.

Dieser Ansicht kann schon deshalb nicht gefolgt werden, weil sie die Möglichkeit der Ungewißheit im Eilverfahren ohne weiteres mit der Möglichkeit der Ungewißheit im Normalprozeß gleichsetzt. Eine genauere Analyse der Bedingungen, unter denen eine Entscheidung im Eilverfahren getroffen wird, hätte zudem vor diesem Fehlschluß bewahren können[22]. Denn unter Geltung der schon beschriebenen Erkenntnisanforderungen[23] wirkt sich eine etwaige tatsächliche Ungewißheit über das Recht der Behörde zum Handeln schon bei der Beurteilung der Wahrscheinlichkeit der tatsächlichen Voraussetzungen der einstweiligen Anordnung aus. Je weniger wahrscheinlich nämlich die dieses Recht begründenden Tatsachen sind, desto wahrscheinlicher ist die Annahme, daß die Verwirklichung des vom Antragsteller geltend gemachten Rechts unzulässigerweise erschwert oder vereitelt werden könnte — desto nötiger ist es also, dieses Recht durch eine einstweilige Anordnung zu sichern. Das kann schon zum Erlaß der begehrten Anordnung führen; wenn gleichwohl nach Ansicht des Gerichts eine hinreichende Wahrscheinlichkeit noch nicht zu bejahen ist, beruht das auf den übrigen bei der Entscheidung zu berücksichtigenden Faktoren; dann kommt es entweder zu weiteren Ermittlungen oder zur Zurückweisung des Antrags, nicht aber zu einer Entscheidung nach Beweislastregeln: Sind die durch vergleichende Gewichtung aller rechtlich relevanten Einzelfallumstände bestimmten Erkenntnisanforderungen nicht erfüllt, steht fest, daß die einstweilige Anordnung nicht getroffen werden kann. Die tatsächliche Ungewißheit führt insoweit also nicht zu der Situation des „non liquet", sondern zu der eindeutigen Feststellung, daß die Voraussetzungen der einstweiligen Anordnung nicht erfüllt sind. Und die nach Ansicht von Baur für die Beweislastentscheidung relevanten Gesichtspunkte sind bereits im Rahmen dieser Feststellung berücksichtigt worden[24]. Daß im übrigen der Hinweis auf die Beweislast desjenigen, der eine ihm günstige Rechtslage geltend macht, die Frage nach der Entscheidung bei tatsächlicher Ungewißheit und nach der Verteilung der Beweislast nicht beantwortet, ist an anderer Stelle ausführlich dargelegt[25].

---

[22] Baur läßt die Frage nach den Erkenntnisanforderungen im Eilverfahren dahingestellt, da er die genauere Bedeutung der von ihm für nötig erachteten „semiplena probatio" nicht klärt. Er hat also gar nicht untersucht, ob und wann es im Eilverfahren überhaupt zu Beweislosigkeit kommen kann, und damit eine Voraussetzung für eine Beweislastentscheidung einfach unterstellt.

[23] Oben 3 b bb.

[24] Vgl. Nell, 215, 217: „Wenn die Frage nach der materiell-rechtlich richtigen Entscheidung unter Ungewißheit beantwortet ist, bleibt für die Beweislast- oder Beweismaßfrage nichts zu beantworten übrig". Daß die für die Beweislastverteilung als maßgebend erachteten Gesichtspunkte grundsätzlich denjenigen entsprechen, die bei der Bestimmung der Erkenntnisanforderungen im Rahmen des Anordnungsverfahrens zu berücksichtigen sind, zeigen die Ausführungen von Berg, 221 ff. (und im einzelnen 229 ff.) und Peschau (passim; zusammenfassend 154 f.). Quaritsch (Fn. 18) kommt zu einem ähnlichen Ergebnis wie Baur, obwohl er zuvor — zutreffend — die Verschiedenheit der materiellen Voraussetzungen des Hauptsacherechts von den *prozessualen Bedingungen* der einstweiligen Anordnung betont (Hervorhebung nur hier).

c) Ergebnis

Die Erörterungen zur Bedeutung des § 920 Abs. 2 ZPO für die Beweislastverteilung im Anordnungsverfahren können hier abgeschlossen werden. Es hat sich gezeigt, daß der Vorschrift eine Bedeutung für eine Entscheidung nach der Beweislast nicht zukommen kann: Im Anordnungsverfahren ist eine Regel, aus der die Beweislastverteilung hervorgeht, überflüssig. Die Entscheidung wird immer unter Ungewißheit getroffen; Maßstab für eine Entscheidung bei vom Gericht noch nicht für hinreichend erachteter Wahrscheinlichkeit der tatsächlichen Voraussetzungen kann nur § 123 Abs. 1 selbst sein.

6. Ergebnis: Der Regelungsinhalt des § 920 Abs. 2 ZPO im Anordnungsverfahren

Die Ergebnisse der Untersuchung über die Bedeutung des § 920 Abs. 2 ZPO im Anordnungsverfahren müssen ernüchtern. Sah der Gesetzgeber in dieser und den anderen in § 123 Abs. 3 genannten Vorschriften offenbar noch eine sinnvolle Verfahrensregelung für den Erlaß der schon in ihren Voraussetzungen an die Zivilprozeßordnung angelehnten einstweiligen Anordnung, so erscheint diese Einschätzung aufgrund der Besonderheiten des Verwaltungsprozesses schon grundsätzlich, erst recht aber im Hinblick auf die Erfahrungen mit der praktischen Anwendung des § 920 Abs. 2 ZPO als fragwürdig, wenn nicht unzutreffend. Im verwaltungsgerichtlichen Anordnungsverfahren reduziert sich die Pflicht zur Glaubhaftmachung, wie sie die Zivilprozeßordnung kennt, auf eine Aufforderung an den Antragsteller, nach Möglichkeit auch Beweise für seine tatsächlichen Angaben vorzulegen. Tut er dies nicht, darf das Gericht infolge der Geltung des § 86 Abs. 1 den Antrag aber gerade nicht ohne weiteres abweisen, sondern erst dann, wenn es auch die Frage nach der Zweckmäßigkeit weiterer Sachaufklärung negativ beantwortet hat. Aus § 920 Abs. 2 ZPO folgt des weiteren nur die Zulässigkeit eidesstattlicher Erklärungen als Beweismittel gemäß § 294 Abs. 1 ZPO, nicht aber auch eine Beschränkung der Beweisaufnahme auf präsente Beweismittel gemäß § 294 Abs. 2 ZPO. Darüber hinaus mag die Vorschrift zwar zum Ausdruck bringen, daß die Erkenntnisanforderungen herabgesetzt sind; sie sagt aber nichts über den für die gerichtliche Entscheidung maßgeblichen Erkenntnisgrad aus. Und schließlich kann in § 920 Abs. 2 ZPO auch keine Regel für eine Entscheidung nach der sogenannten Beweislast gesehen werden.

Dem so noch verbliebenen Regelungsgehalt stehen die Unklarheiten und Mißdeutungen gegenüber, die die Geltung des § 920 Abs. 2 ZPO im Anordnungsverfahren hervorruft und die die Auslegungsbilanz erst vervollständigen. Die mit der Vieldeutigkeit des Begriffs „Glaubhaftmachung“ verbundenen Schwierigkeiten lassen sich zwar unter Berücksichtigung der verwaltungspro-

[25] Berg, 180 (182ff.); Michael, 85ff., 97ff. (und passim); Peschau, 21ff. (38-40).

zeßrechtlichen Eigenheiten bewältigen. Dies ist jedoch einerseits — das hat insbesondere der Überblick über die Gerichtspraxis gezeigt — auch nach langjähriger Geltung der Verwaltungsgerichtsordnung noch nicht in einem Maß geschehen, das die Wirksamkeit des gerichtlichen Rechtsschutzes durch das Anordnungsverfahren sicherstellt. Und andererseits beläßt eine konsequent verwaltungsprozessuale Auslegung des § 920 Abs. 2 ZPO der Vorschrift nur wenig von ihrer Bedeutung im Zivilprozeßrecht. In dieser Auslegung freilich erweist sie sich nahezu als Leerformel: die verbleibenden Anforderungen an den Antragsteller und die rechtlichen Vorgaben für die Bestimmung des Erkenntnismaßstabs lassen sich, wenn nicht schon aus dem Wortlaut des § 123 Abs. 1 oder aus der entsprechenden Anwendung anderer verwaltungsprozeßrechtlicher (und damit besser geeigneter) Normen, so doch jedenfalls aus dem Zweck des Anordnungsverfahrens gewinnen. Und auch für die Erweiterung der Beweismittel um die Erklärung an Eides Statt ist der Umweg über § 920 Abs. 2 ZPO nicht erforderlich. Nur im Zivilprozeß setzt die — unmittelbare — Anwendung des § 294 Abs. 1 ZPO die Geltung einer Norm voraus, die ausdrücklich die Glaubhaftmachung tatsächlicher Behauptungen fordert. Im Verwaltungsprozeß kann § 294 Abs. 1 ZPO ohnehin nur entsprechend gelten; Voraussetzung dafür ist jedoch nicht die Erfüllung jedes Tatbestandsmerkmals — hier also auch: der ausdrücklichen Anordnung der Glaubhaftmachung —, sondern lediglich die Vergleichbarkeit der zu regelnden Situationen. Und als Rechtsgrundlage dieser Analogie liegt § 173 näher als eine Verweisung auf den im Ergebnis nur auf diesen kargen Regelungsgehalt reduzierten § 920 Abs. 2 ZPO. Im übrigen ist das Gericht im Eilverfahren gar nicht in das Korsett der strengen Beweisregeln gezwängt, die die Verwertung einer eidesstattlichen Erklärung für den Normalfall ausschließen[1], und daher in der Wahl der Beweismittel auch ohne ausdrückliche Ermächtigung freier[2].

Führen also die infolge der Unstimmigkeiten mit den übrigen Regelungen der Verwaltungsgerichtsordnung notwendig werdenden Korrekturen im Anordnungsverfahren unvermeidlich zu einer weitgehenden Reduktion der ursprünglichen Bedeutung des § 920 Abs. 2 ZPO, so sollte daraus die Konsequenz gezogen werden, die Geltung dieser Norm auf den Anwendungsbereich zu beschränken, der ihr von Anfang an zugedacht war: das Eilverfahren vor den Zivilgerichten.

---

[1] Vgl. Finkelnburg/Jank, Rn. 765 und 281, 303; Ule, Verwaltungsprozeßrecht, § 49 III. Schon im Normalprozeß ist das Verwaltungsgericht freier; zur Beweisaufnahme allgemein Kopp, VwGO, § 98 Rn. 3, 4; Redeker/von Oertzen, § 98 Anm. 18ff.

[2] Als Beispiel nochmals VGH Baden-Württemberg NVwZ 1984, 254 (255).

II. Geltung des § 920 Abs. 2 ZPO im Aussetzungsverfahren?

1. Die Möglichkeit einer entsprechenden Anwendung

a) Verfahrensrechtliche Lücken in § 80 VwGO

Die karge Regelung des Aussetzungsverfahrens in § 80 Abs. 5-7 erscheint — anders als § 123 — aufgrund der Einordnung in den Abschnitt über besondere Vorschriften für Anfechtungs- und Verpflichtungsklagen schon nach der Systematik der Verwaltungsgerichtsordnung nicht als eigenständig und setzt die Zulässigkeit einer entsprechenden Anwendung anderer Verfahrensbestimmungen geradezu voraus. Ausdrücklich geregelt ist neben der Zuständigkeit des Gerichts — auch § 80 Abs. 5 verweist konkludent auf die Anwendung der allgemeinen Zuständigkeitsvorschriften, §§ 45ff. — nur zweierlei: das Gericht wird wie im Anordnungsverfahren nur auf einen schon vor Erhebung der Klage zulässigen Antrag tätig (§ 80 Abs. 5 S. 1, 2), und in dringenden Fällen darf der Vorsitzende gemäß § 80 Abs. 7 allein entscheiden. Darüberhinaus ist — wiederum anders als im Anordnungsverfahren — eine entsprechende Anwendung von Vorschriften der Zivilprozeßordnung nicht vorgesehen; sie ist aber möglich aufgrund der allgemeinen Verweisung in § 173. Mithin könnte eine entsprechende Anwendung der in § 123 Abs. 3 genannten Normen grundsätzlich in Betracht kommen[1].

Das ist nicht etwa durch § 123 Abs. 5 ausgeschlossen. Zwar gelten danach die Vorschriften des § 123 Abs. 1-4 nicht für die Vollziehung des angefochtenen Verwaltungsakts oder die Beseitigung der aufschiebenden Wirkung eines Rechtsbehelfs. Sinnvollerweise ist diese Formulierung aber nicht so zu verstehen, die entsprechende Anwendung der in § 123 Abs. 3 genannten Normen der Zivilprozeßordnung sei im Rahmen des Aussetzungsverfahrens unzulässig. Denn einerseits sind diese Regelungen gerade für das Eilverfahren konzipiert und daher grundsätzlich auch dem Verfahren nach § 80 Abs. 5 adäquat. Andererseits dient § 123 Abs. 5 einem ganz anderen Zweck, als ausgerechnet eine entsprechende Anwendung von Verfahrensvorschriften der Zivilprozeßordnung zu verhindern. Mit dieser Bestimmung sollte nur der Anwendungsbereich der beiden Formen einstweiligen Rechtsschutzes vor den Verwaltungsgerichten abgegrenzt und der Antrag auf Erlaß einer einstweiligen Anordnung in all jenen Fällen ausgeschlossen werden, in denen die Vollziehung eines Verwaltungsakts verhindert oder die aufschiebende Wirkung eines Rechtsbehelfs wiederhergestellt werden soll — für diese Fälle ist der Antrag gemäß § 80

[1] Vgl. — befürwortend — die oben 1. Abschnitt, Kapitel I Fn. 6 genannten Autoren.

Abs. 5 der spezielle Rechtsbehelf[2]. So verstanden, kann § 123 Abs. 5 einer durch die Regelungslücke in § 80 Abs. 5-7 bedingten und aufgrund von § 173 zulässigen entsprechenden Anwendung der §§ 920ff. ZPO — jedenfalls soweit sie auch in § 123 Abs. 3 genannt sind — nicht entgegenstehen[3].

b) Die Geltung des Untersuchungsgrundsatzes

In gleicher Weise wie im Anordnungsverfahren kommt aber darüber hinaus noch eine ergänzende Anwendung der allgemeinen Verfahrensbestimmungen der Verwaltungsgerichtsordnung für den ersten Rechtszug (§§ 81 ff.) in Betracht[4]. Denn auch § 920ff. ZPO regeln das Verfahren nur fragmentarisch[5]. Und ebensowenig wie im Anordnungsverfahren kann § 920 Abs. 2 ZPO im Aussetzungsverfahren eine Ausnahme von der Geltung des Untersuchungsgrundsatzes statuieren. Einerseits dient auch die Anordnung oder Wiederherstellung der aufschiebenden Wirkung eines Rechtsbehelfs letztlich dem Ziel, die sinnvolle Durchführung des Hauptsacheverfahrens zu ermöglichen und damit einen effektiven Rechtsschutz sicherzustellen[6]. Denn sie hat zur Folge, daß die in dem angefochtenen Verwaltungsakt angeordnete Rechtsfolge zunächst nicht verwirklicht wird[7] — und zwar bis zur Entscheidung über die Rechtmäßigkeit des Verwaltungsakts. Auch damit soll der Gefahr Rechnung getragen werden, daß die durch die Verwirklichung der Rechtsfolge kraft hoheitlicher Regelungsmacht der Behörden geschaffenen tatsächlichen Verhältnisse unter Umständen

---

[2] Kopp, VwGO, § 123 Rn. 1, 2; Redeker/von Oertzen, § 123 Anm. 3; Ule, Verwaltungsprozeßrecht, § 67 I 2; allgemeiner Eyermann/Fröhler, § 123 Rn. 4, 9; Schunck/De Clerck, § 123 Erl. 3 b. Die mißverständliche Fassung des Absatzes 5 beruht auf einem Vorschlag des Bundesrates (Stellungnahme vom 29.11.1957 zu dem Entwurf einer VwGO, Anlage 2 zu BT-Ds. 3/55), der ebenfalls die Funktion der Vorschrift in der Abgrenzung zu § 81 EVwGO (= § 80 VwGO) sah. Der Rechtsausschuß des Bundestages schloß sich diesem Vorschlag an (Schriftlicher Bericht vom 12.5.1959, BT-Ds. 3/1094, zu § 122).

[3] So ausdrücklich allerdings nur Kopp, VwGO, § 80 Rn. 90; Schunck/De Clerck, § 80 Erl. 5 e.

[4] So *Finkelnburg*/Jank, Rn. 735ff. (vgl. auch Rn. 760, 762).

[5] Dazu oben Kapitel I 2 a bb (1).

[6] Eyermann/Fröhler, § 80 Rn. 3; *Finkelnburg*/Jank, Rn. 6, 483; Grunsky, JuS 1976, 277 (278); Kopp, VwGO, § 80 Rn. 1 (mit Nachweisen aus der Rechtsprechung); Hoffmann, DÖV 1976, 371; Leipold, 187; Limberger, 161f., 166 (vgl. auch 30, 69f.); Renner, MDR 1979, 887 (888f.); Ule, Verwaltungsprozeßrecht, Vorbemerkung vor § 66; Wieseler, 31; BVerfGE 35, 263 (273f.); 382 (401f.); 51, 268 (284); 67, 43 (58); 69, 220 (227); 315 (372). Aus der verwaltungsgerichtlichen Rechtsprechung beispielhaft BVerwG DVBl. 1974, 566 = NJW 1975, 1294 (1295); BayVGH DVBl. 1975, 199 (201f.); OVG Hamburg DVBl. 1975, 207 (212).

[7] Die Streitfrage, ob die aufschiebende Wirkung die Wirksamkeit oder nur den Vollzug des Verwaltungsakts hemmt — dazu statt vieler Kopp, VwGO, § 80 Rn. 12ff. (insbs. 15f.) und Redeker/von Oertzen, § 80 Anm. 1, 1 a, jeweils mit weiteren Nachweisen aus Rechtsprechung und Literatur —, ist in diesem Zusammenhang nicht von Bedeutung; jedenfalls darf die Rechtsfolge praktisch nicht eintreten.

nicht oder nur schwer rückgängig zu machen sind, wenn das Gericht den Verwaltungsakt im Hauptsacheverfahren für rechtswidrig hält und aufhebt. Mit dem Erfolg der Anfechtungsklage wäre in einem solchen Fall faktisch nichts erreicht; der Rechtsschutz des Bürgers würde dann allein noch in der Feststellung etwaiger Schadensersatz- oder Entschädigungsansprüche bestehen können.

Das entspricht der Zwecksetzung des Anordnungsverfahrens: Auch mit der einstweiligen Anordnung sollen ja Nachteile für die Verwirklichung eines Rechts durch (irreparable) tatsächliche Veränderungen verhindert werden[8]. Daraus folgt aber andererseits, daß aus den gleichen Gründen wie im Anordnungsverfahren der Untersuchungsgrundsatz auch im Aussetzungsverfahren gelten muß. Wird mit der Entscheidung über die Aussetzung der Vollziehung eines Verwaltungsakts auch über die Wirksamkeit der Durchführung des Hauptsacheverfahrens und insofern mittelbar auch über die Effektivität einer von den Beteiligten unabhängigen Feststellung des Sachverhalts im Hauptsacheverfahren befunden, muß schon im Eilverfahren das Risiko unzureichender Tatsachenfeststellungen möglichst gering gehalten werden[9].

c) Die Fragwürdigkeit des Rückgriffs auf § 920 Abs. 2 ZPO

Aufgrund dessen erscheint es ungeachtet der verfahrensrechtlichen Regelungslücke in § 80 Abs. 5-7 als fragwürdig, auch im Aussetzungsverfahren eine Anwendung des § 920 Abs. 2 ZPO zu befürworten. Wenn schon eine ausdrückliche Verweisung auf diese Vorschrift fehlt, könnte man sich durch einen Verzicht auf den Rückgriff auf § 920 Abs. 2 ZPO die zum Anordnungsverfahren erörterten, dort auf § 123 Abs. 3 beruhenden und daher nicht zu vermeidenden Mißverständnisse und Auslegungsprobleme wenigstens in diesem Verfahren ersparen. Für diese Lösung sprechen auch zwei weitere Überlegungen: Einerseits handelt es sich bei den nach § 80 Abs. 5 möglichen Maßnahmen um eine spezifisch verwaltungsrechtliche Ausprägung des vorläufigen Rechtsschutzes, der grundsätzlich nur die Anwendung auch spezifisch verwaltungsprozeßrechtlicher Verfahrensvorschriften gerecht werden kann. Andererseits kann § 920 Abs. 2 ZPO im verwaltungsgerichtlichen Eilverfahren aufgrund der Geltung des § 86 Abs. 1 ohnehin nur ein sehr begrenzter Regelungsgehalt verbleiben[10]. Wenn im folgenden Abschnitt gleichwohl auf die mögliche Bedeutung des § 920 Abs. 2 ZPO im Aussetzungsverfahren eingegangen wird, soll damit zum einen der

---

[8] Dazu oben Kapitel I 2 b bb (2) (b). Darüber hinaus sieht Limberger, 162, 187f., eine Funktion des Aussetzungsverfahrens auch im Schutz überwiegender Vollzugsinteressen. Konzipiert war § 80 Abs. 5 jedoch anders: Der Vorschrift liegt die Situation eines mit der Möglichkeit sofortiger Vollziehung eines angefochtenen Verwaltungsakts konfrontierten Bürgers zugrunde; die Vollziehungsinteressen werden nur über den Entscheidungsmaßstab (Interessenabwägung) berücksichtigt.

[9] Dazu oben Kapitel I 2 b bb (4); so auch *Finkelnburg*/Jank, Rn. 764.

[10] Dazu zusammenfassend oben Kapitel I 6.

Tatsache Rechnung getragen werden, daß die entsprechende Anwendung der Vorschrift ungeachtet der geschilderten Bedenken jedenfalls im Schrifttum befürwortet wird. Dafür spricht immerhin die Überlegung, daß beide Formen des verwaltungsgerichtlichen Eilverfahrens, wenn sie letztlich dem gleichen Zweck dienen, nicht ganz verschiedenen Regeln folgen dürfen. Zum anderen hat die bisherige Untersuchung gezeigt, welchen Regelungsinhalt § 920 Abs. 2 ZPO im verwaltungsgerichtlichen Eilverfahren überhaupt haben kann. Die Präzisierung dieses Regelungsinhalts für das Aussetzungsverfahren ist aber Voraussetzung für ein abschließendes Urteil über die Frage, ob auch hier die entscheidungserheblichen Tatsachen glaubhaft zu machen sind.

2. Glaubhaftmachung im Aussetzungsverfahren — Schwierigkeiten bei dem Versuch einer entsprechenden Anwendung des § 920 Abs. 2 ZPO

a) Der mögliche Gegenstand einer Glaubhaftmachung im Aussetzungsverfahren: „Aussetzungsanspruch" und „Aussetzungsgrund"

Aufgrund der Feststellungen zum Anordnungsverfahren[1] ist klar, daß sich das Erfordernis der Glaubhaftmachung auch im Aussetzungsverfahren nur auf die Feststellung der entscheidungserheblichen Tatsachen beziehen kann[2]. Die Möglichkeit einer entsprechenden Anwendung des § 920 Abs. 2 ZPO ist allerdings davon abhängig, daß die Entscheidung über die Anordnung oder Wiederherstellung der aufschiebenden Wirkung eines Rechtsbehelfs an Voraussetzungen geknüpft ist, die denjenigen zumindest vergleichbar sind, die in § 920 Abs. 2 ZPO als „Anspruch" und „Grund" für die einstweilige Regelung bezeichnet werden. Das hängt von den Maßstäben für die Entscheidung des Gerichts gemäß § 80 Abs. 5 ab. Nur ist es hier offenbar nicht wie im Fall des § 123 Abs. 1 einfach damit getan, die zivilprozessualen Begriffe auf die Terminologie der Verwaltungsgerichtsordnung zu übertragen. Vielmehr scheinen sich die Entscheidungsmaßstäbe im Aussetzungsverfahren ganz grundlegend von den Voraussetzungen für den Erlaß einer einstweiligen Anordnung zu unterscheiden.

Die Anordnung der aufschiebenden Wirkung kommt in den Fällen des § 80 Abs. 2 Nr. 1-3 in Betracht, weil schon kraft ausdrücklicher gesetzlicher Regelungen die aufschiebende Wirkung von Widerspruch oder Anfechtungsklage, die gemäß § 80 Abs. 1 den Regelfall darstellt, entfällt, ihre Wiederherstellung dagegen in den Fällen, in denen die Behörde gemäß § 80 Abs. 2 Nr. 4 die sofortige Vollziehung im öffentlichen Interesse oder im überwiegenden Interesse eines Beteiligten angeordnet hat. Die sofortige Vollziehung eines Verwaltungs-

[1] Oben Kapitel I 1.

[2] So ausdrücklich auch Eyermann / Fröhler, § 80 Rn. 47 b; *Finkelnburg* / Jank, Rn. 766; Redeker / von Oertzen, § 80 Anm. 48.

akts setzt also stets ein besonderes (öffentliches) Interesse daran voraus, die in dem Verwaltungsakt angeordneten Rechtsfolgen schon vor Eintritt seiner Bestandskraft zu verwirklichen. Für die Fälle des § 80 Abs. 2 Nr. 1 - 3 ergibt sich dieses Interesse aus der jeweiligen gesetzlichen Regelung, aufgrund deren die aufschiebende Wirkung entfällt; in den übrigen Fällen hat die Behörde das Vollziehungsinteresse schriftlich zu begründen (§ 80 Abs. 3). Aus dieser Gesetzeslage können die Maßstäbe für die gerichtliche Entscheidung über einen Antrag gemäß § 80 Abs. 5 abgeleitet werden: Der Rechtsbehelf muß grundsätzlich aufschiebende Wirkung haben, wenn ein besonderes Interesse an der Vollziehung des angegriffenen Verwaltungsakts nicht gegeben ist. Für Abgaben- oder Kostenbescheide soll das bei ernstlichen Zweifeln an ihrer Rechtmäßigkeit oder aber — mangels solcher Zweifel — dann zu bejahen sein, wenn die Vollziehung für den Betroffenen eine unbillige, nicht durch überwiegende öffentliche Interessen gebotene Härte zur Folge hätte — der Maßstab, den die Behörde gemäß § 80 Abs. 4 S. 3 nach Einlegung des Widerspruchs bei der Prüfung der Frage zugrunde zu legen hat, ob sie die Vollziehung aussetzt, gilt auch für die Entscheidung des Gerichts[3].

Für die Fälle behördlicher Anordnung der Vollziehung kommt es — soweit die formellen gesetzlichen Voraussetzungen für diese Anordnung erfüllt sind, also insbesondere die Anordnung schriftlich besonders begründet worden ist, § 80 Abs. 3[4] — auf die Beurteilung der Interessenlage an. Die aufschiebende Wirkung ist wiederherzustellen, wenn ein besonderes Interesse an der sofortigen Vollziehung nicht besteht oder das Interesse des Betroffenen am Aufschub der Vollziehung bis zur Entscheidung über den Widerspruch oder die Klage überwiegt. Das gilt auch für die Fälle gesetzlich angeordneter sofortiger Vollziehung, wenn die Rechtmäßigkeit des Verwaltungsakts nicht ernstlich zweifelhaft ist; nur muß hier — umgekehrt — geprüft werden, ob die konkreten Belange des Betroffenen im Einzelfall das grundsätzlich vorausgesetzte öffentliche Vollzugsinteresse überwiegen[5]. Im Rahmen dieser Interessenabwägung sollen allerdings auch die Erfolgsaussichten des Rechtsbehelfs berücksichtigt werden: Wird der Antragsteller in der Hauptsache wahrscheinlich Erfolg haben, weil der Verwaltungsakt offensichtlich rechtswidrig ist, so ist die Vollziehung auszusetzen, ohne daß es auf eine weitere Abwägung mit den Interessen des Antragstellers noch ankäme. Die offensichtliche Rechtmäßigkeit des Verwaltungsakts soll dagegen das Gewicht des Interesses an seiner sofortigen Vollziehung im Rahmen der Abwägung erhöhen; auch sie kann allerdings in den Fällen des § 80 Abs. 2 Nr. 4 nicht das besondere Vollzugsinteresse überhaupt ersetzen[6]. Die für die Interessenabwägung selbst maßgeblichen Gesichtspunkte

---

[3] Vgl. Kopp, VwGO, § 80 Rn. 70; Redeker/von Oertzen, § 80 Anm. 43; etwas differenzierter *Finkelnburg*/Jank, Rn. 647 - 649.

[4] Vgl. Kopp, VwGO, § 80 Rn. 64, 79; Redeker/von Oertzen, § 80 Anm. 30.

[5] Vgl. Eyermann/Fröhler, § 80 Rn. 47b; Kopp, VwGO, § 80 Rn. 37; Redeker/von Oertzen, § 80 Anm. 45; weitergehend allerdings Renner, MDR 1979, 887 (890).

ergeben sich aus einem Vergleich zweier hypothetischer Sachlagen, nämlich der Folgen einer sofortigen Vollziehung für den Antragsteller, wenn sich im Hauptsacheverfahren der Verwaltungsakt als rechtswidrig erweist, mit den nachteiligen Folgen einer Aussetzung der Vollziehung für das öffentliche Interesse unter der Voraussetzung seiner Rechtmäßigkeit[7].

Trotz dieser Unterschiede gegenüber den Voraussetzungen des § 123 Abs. 1 lassen sich auch in den Maßstäben für die Entscheidung gemäß § 80 Abs. 5 Ansatzpunkte finden, die eine sinngemäße Anwendung des § 920 Abs. 2 ZPO zumindest als möglich erscheinen lassen. Unter dem „Anspruch" im Sinne dieser Vorschrift ist — auf den Text des § 123 Abs. 1 übertragen — das Recht oder das streitige Rechtsverhältnis zu verstehen, das durch die einstweilige Anordnung gesichert werden soll[8]. Ein Recht will der Antragsteller aber auch im Aussetzungsverfahren sichern lassen — nämlich das von ihm geltend gemachte Recht, von den Rechtsfolgen eines ihn belastenden Verwaltungsakts verschont zu bleiben. Daß dem Antragsteller dieses Recht zusteht, folgt nicht schon gewissermaßen von selbst aus dem Erlaß eines belastenden Verwaltungsakts, sondern hängt von der rechtlichen Beurteilung des Verwaltungsakts ab — ist er rechtmäßig, hat der Antragsteller die in ihm angeordneten Rechtsfolgen hinzunehmen. Ein sicherungsfähiges „Recht" ergibt sich daher erst aus der Rechtswidrigkeit des Verwaltungsakts. Grundsätzlich könnte sich also das Erfordernis der Glaubhaftmachung insoweit — als Korrelat zum (Anordnungs-)„Anspruch" — auf die Tatsachen erstrecken, aus denen sich die Rechtswidrigkeit des angegriffenen Verwaltungsakts ergeben kann.

Das Aussetzungsverfahren kennt darüber hinaus auch einen dem Anordnungsgrund vergleichbaren „Aussetzungsgrund", der allerdings nicht schon unmittelbar darin zu sehen ist, daß die aufschiebende Wirkung eines Rechtsbehelfs aufgrund einer gesetzlichen Anordnung entfällt oder daß die Behörde die sofortige Vollziehung des Verwaltungsakts angeordnet hat. Für den „Grund" im Sinne von § 920 Abs. 2 ZPO muß vielmehr die vom Antragsteller begehrte Maßnahme als zur Sicherung seines Rechts erforderlich erscheinen[9]. Die Notwendigkeit, die aufschiebende Wirkung des Rechtsbehelfs anzuordnen oder wieder herzustellen, kann sich aber nicht allein aus dem Bevorstehen der sofortigen Vollziehung ergeben, die zu tatsächlichen Veränderungen zum Nachteil des Antragstellers führen kann. Hinzukommen muß, daß das Interesse

---

[6] Zu alledem Eyermann/Fröhler, § 80 Rn. 47b, 48 (vgl. aber — enger — Rn. 47: bei offensichtlicher Rechtmäßigkeit des Verwaltungsakts keine Interessenabwägung); *Finkelnburg*/Jank, Rn. 644ff.; Kopp, VwGO, § 80 Rn. 78ff. (i.V.m. 69) — insbes. 82; Redeker/von Oertzen, § 80 Anm. 23, 46; Ule, Verwaltungsprozeßrecht, § 66 II 2; Limberger, 155. In besonderen Fällen wird eine gesteigerte Prüfung der Erfolgsaussichten des Rechtsbehelfs befürwortet; dazu schon oben 1. Abschnitt, Kapitel II 1c (Fn. 52).

[7] Dazu insbes. Leipold, 53f. (grundlegend), 190 (für das Aussetzungsverfahren); Limberger, 155f. (i.V.m. 40f.).

[8] Dazu oben Kapitel I 1.

[9] Dazu oben Kapitel I 1.

des Antragstellers, von der Verwirklichung der Rechtsfolgen des Verwaltungsakts einstweilen verschont zu bleiben, das Interesse an der sofortigen Vollziehung überwiegt. Die Glaubhaftmachung eines so verstandenen „Aussetzungsgrunds" erfordert also die Angabe von Tatsachen und Beweismitteln, die das Überwiegen des Aufschubinteresses begründen können. Damit kann natürlich nicht gemeint sein, daß der Antragsteller *alle* für die Interessenabwägung erheblichen Tatsachen vortragen und nach Möglichkeit auch schon beweisen soll. Denn dazu gehören ja auch die Tatsachen, die das besondere Interesse an der sofortigenVollziehung begründen. Der Vortrag dieser Tatsachen und das Beibringen entsprechender Beweismittel obliegen aber der Behörde; insoweit wirkt sich § 80 Abs. 3 auch auf das gerichtliche Eilverfahren aus[10]. Der Antragsteller kann also lediglich verpflichtet sein, darzutun, aus welchen Gründen eine sofortige Vollziehung seine schutzwürdigen Belange so sehr beeinträchtigen würde, daß sein Aufschubinteresse das Vollziehungsinteresse überwiegt.

b) Die Überflüssigkeit einer analogen Anwendung des § 920 Abs. 2 ZPO

Obwohl sich also Elemente der rechtlichen Voraussetzungen einer einstweiligen Anordnung auch in den Entscheidungsmaßstäben im Aussetzungsverfahren aufspüren lassen, erscheint eine entsprechende Anwendung des § 920 Abs. 2 ZPO weder erforderlich noch sinnvoll.

Einerseits bedarf es nicht erst der entsprechenden Anwendung des § 920 ZPO, um eine Pflicht des Antragstellers zu begründen, Tatsachen vorzutragen und nach Möglichkeit zu beweisen, aus denen sich ein Überwiegen seines Aufschubinteresses ergeben kann. Die Notwendigkeit substantiierten Vortrags ist eine prozeßrechtliche Selbstverständlichkeit und brauchte, was die Tatsachen aus dem Bereich des Antragstellers betrifft, auch für das Aussetzungsverfahren nicht eigens normativ statuiert zu werden, da insoweit jedenfalls § 82 herangezogen werden kann. Die Notwendigkeit schnellstmöglicher Erkenntnis und daher auch schnellstmöglicher Beweisaufnahme ergibt sich dagegen schon aus dem Zweck des Eilverfahrens[11]. Auch die für das Aussetzungsverfahren entwickelten Entscheidungsmaßstäbe tragen diesen Erfordernissen hinreichend Rechnung. Kommt es im Rahmen der Interessenabwägung allein auf offensichtliche Erfolgsaussichten des Rechtsbehelfs an, schließt schon dieser Maßstab umfangreiche Ermittlungen aus: Die Erkenntnis der Notwendigkeit weitergehender Sachaufklärung ist gleichbedeutend mit der Feststellung, daß die Erfolgs- oder Mißerfolgsaussichten des Rechtsbehelfs eben nicht offensichtlich sind — und dann ist nur noch die Interessenlage von Bedeutung. Die dafür erheblichen

---

[10] Dazu nochmals die Nachweise Fn. 4.

[11] So leitet etwa Limberger, 163f., auch die verfahrensrechtlichen Anforderungen aus der Zweckbestimmung des § 80 Abs. 5 ab, nicht aber aus § 920 Abs. 2 ZPO. Ähnlich (allerdings z.T. in anderem Zusammenhang) *Finkelnburg*/Jank, Rn. 764ff., und Leipold, 187ff. Vgl. auch OVG Hamburg KStZ 1983, 78; BVerfG GewArch 1985, 16 (17).

Tatsachen müssen aber ebenfalls schnell in Erfahrung gebracht werden können. Schon aus alledem folgt das Gebot an den Antragsteller, seiner Antragsschrift Beweismittel beizufügen, soweit es ihm möglich ist. An der unzureichenden Erfüllung dieses Gebots darf der Antrag allein aber nicht scheitern (§ 86 Abs. 1)[12], so daß § 920 Abs. 2 ZPO auch insoweit kein spezifischer Regelungsgehalt mehr verbleibt.

Andererseits ist eine entsprechende Anwendung des § 920 Abs. 2 ZPO im Aussetzungsverfahren ebensowenig wie im Anordnungsverfahren nötig, um eine Verringerung der Erkenntnisanforderungen gegenüber dem Hauptsacheverfahren zu begründen. Denn wird lediglich eine möglichst rasch getroffene Entscheidung dem Zweck des § 80 Abs. 5 gerecht, ist eine umfassende Aufklärung des Sachverhalts schon aus diesem Grund ausgeschlossen. Unter dieser Voraussetzung darf es aber nicht darauf ankommen, daß das Gericht sich eine Überzeugung von der Wahrheit der entscheidungserheblichen Tatsachenbehauptungen verschafft. Das Gericht muß seine Entscheidung vielmehr schon auf eine hinreichende Wahrscheinlichkeit stützen dürfen. Für die Rechtsprüfung im Rahmen der Interessenabwägung ergibt sich auch dies aus dem Entscheidungsmaßstab, der nur die Berücksichtigung offensichtlicher Ergebnisse zuläßt. Das muß infolge der Eilbedürftigkeit aber auch für die Erkenntnis der für die Interessenabwägung im übrigen wesentlichen Tatsachen gelten. Schließlich kann § 920 Abs. 2 ZPO nicht einmal den Maßstab für dieses Wahrscheinlichkeitsurteil liefern: Unter welchen Voraussetzungen Tatsachen glaubhaft sind, kann nicht allgemein bestimmt werden[13]; wie glaubhaft abwägungserhebliche Tatsachen sein müssen, ist wiederum nur im Einzelfall unter Einbeziehung der Zweckbestimmung des Aussetzungsverfahrens zu entscheiden. Die Erkenntnis, daß § 920 Abs. 2 ZPO auch zur Bestimmung des Beweismaßes im Aussetzungsverfahren nicht herangezogen werden kann, erklärt auch das bei dem Blick auf die Rechtsprechung[14] festgestellte Phänomen, daß die Gerichte die Vorschrift selbst und auch den Begriff „Glaubhaftmachung" ignorieren und stattdessen jeweils auf die Zulässigkeit lediglich „summarischer" Prüfung verweisen. Zugleich spricht dieser Befund seinerseits dafür, daß sich eine entsprechende Anwendung des § 920 Abs. 2 ZPO überhaupt erübrigt. So konsequent und unmißverständlich auch im Anordnungsverfahren vorzugehen, sind die Gerichte (noch) durch § 123 Abs. 3 gehindert.

Somit verbliebe als spezifischer Regelungsinhalt des § 920 Abs. 2 ZPO im Aussetzungsverfahren die Erweiterung der Beweismittel um die eidesstattliche Erklärung. Deren Zulässigkeit kann indes schon aus der auch im Aussetzungsverfahren größeren Freiheit des Gerichts bei der Beweisaufnahme[15] folgen; als Rechtsgrundlage einer entsprechenden Anwendung des § 294 Abs. 1 ZPO ist

---

12 Wie oben Kapitel I 4.

13 Vgl. oben Kapitel I 3 b bb.

14 Vgl. oben 1. Abschnitt, Kapitel II 1 d.

15 Dazu oben Kapitel I 6.

hier die Analogie zu § 920 Abs. 2 ZPO — noch dazu über den zusätzlichen Umweg über § 123 Abs. 3 — ebensowenig wie im Anordnungsverfahren erforderlich.

Es zeigt sich also: Die verfahrensrechtlichen Lücken, die § 80 für die Wiederherstellung oder Anordnung der aufschiebenden Wirkung eines Rechtsbehelfs läßt, lassen sich offenbar in ausreichender Weise über die Auslegung der Vorschrift selbst und die für die Entscheidung des Gerichts gemäß § 80 Abs. 5 entwickelten Maßstäbe schließen, ohne daß es der analogen oder auch nur sinngemäßen Anwendung einer für ein anderes Verfahren konzipierten und nur mit Hilfe von Umdeutungen ihres Wortlauts halbwegs passend gemachten Norm der Zivilprozeßordnung bedürfte.

3. Gerichtliche Ermittlungen im Aussetzungsverfahren und die Entscheidung bei nicht hinreichender Wahrscheinlichkeit

Angesichts der Abhängigkeit der Entscheidung von den jeweiligen Umständen des Einzelfalls lassen sich auch für die Feststellung des Sachverhalts im Aussetzungsverfahren[1] lediglich Leitlinien angeben. Trotz der gegenüber § 123 Abs. 1 differenzierteren gesetzlichen Regelung und entsprechend unterschiedlicher Entscheidungskonstellationen sind freilich im Ergebnis grundsätzlich dieselben Anforderungen an die Beteiligten zu stellen wie im Anordnungsverfahren, auf die hier zur Vermeidung von Wiederholungen verwiesen wird[2].

Kommt es für die Entscheidung auf die Interessenlage an, so hat der Antragsteller in jedem Fall die Tatsachen vorzutragen und dafür nach Möglichkeit Beweismittel anzubieten, aus denen sein Interesse am Aufschub der Vollziehung des Verwaltungsakts hervorgeht. Zusammen mit dem entsprechend § 82 Abs. 1 S. 2 mit dem Antrag vorzulegenden Verwaltungsakt selbst und seiner Begründung durch die Behörde sowie in Fällen des § 80 Abs. 2 Nr. 4 der Anordnung der sofortigen Vollziehung und ihrer Begründung kann dieses Vorbringen schon die Grundlage für die Beurteilung der Interessenlage und der etwa sich ergebenden Notwendigkeit weitergehender Sachverhaltserforschung darstellen, die durch die Beiziehung der Behördenvorgänge (§ 99) noch vervollständigt werden kann. Weitere Aufklärung durch das Gericht ist geboten, wenn aufgrund dieses Tatsachenmaterials noch nicht das Überwiegen des Vollziehungs- oder aber des Aussetzungsinteresses festgestellt werden kann, sei es wegen mangelnder Schlüssigkeit, sei es, weil dem tatsächlichen Vorbringen der Beteiligten noch nicht hinreichend sicher gefolgt werden kann. Da es insoweit — wie im Anordnungsverfahren — nur auf die im Einzelfall hinreichende Wahrscheinlichkeit ankommt, variiert jeweils der Grad der Wahrscheinlichkeit,

---

[1] Zur Feststellung des Sachverhalts im Anordnungsverfahren oben Kapitel I 4.

[2] Ebenda.

mit dem die entscheidungserheblichen Tatsachen bestätigt sein müssen, und mithin auch die Schwelle für die Feststellung der Notwendigkeit weiterer Aufklärung[3]. Er hängt auch im Aussetzungsverfahren ab von dem Gewicht der auf dem Spiel stehenden Interessen und der Intensität, mit der sie bedroht sind. Beides ist mit Hilfe einer doppelt hypothetischen Betrachtung einzuschätzen: nämlich durch Vergleich der Bedeutung der Nachteile, die dem Antragsteller infolge der Vollziehung bei Unterstellung der Rechtswidrigkeit des Verwaltungsakts drohen, mit der Bedeutung der Nachteile für das öffentliche Interesse, die der Aufschub der Vollziehung des Verwaltungsakts im Fall seiner Rechtmäßigkeit zur Folge hätte[4]. Diese Nachteile sind dabei jeweils als desto bedeutsamer zu bewerten, je schwerer die tatsächlichen Folgen der Vollziehung wieder rückgängig gemacht werden können oder — anders herum — je dringender die Verwirklichung der Rechtsfolgen des Verwaltungsakts geboten ist[5].

Für die Bestimmung der im Einzelfall erforderlichen Wahrscheinlichkeit der entscheidungserheblichen Tatsachen kann daraus aber nicht die schlichte Faustregel abgeleitet werden: je schlimmer die Folgen der Vollziehung oder des Aufschubs, desto sicherer muß die Tatsachengrundlage für die Interessenabwägung sein und desto intensiver muß das Gericht ermitteln[6]. Das wird anhand einer einfachen Überlegung deutlich: Steht — die Wahrheit des dem Gericht vorliegenden Tatsachenmaterials einmal unterstellt — fest, daß die Vollziehung eines Verwaltungsakts für den Antragsteller schwere Nachteile zur Folge hätte, ein Aufschub der Vollziehung aber die dem Verwaltungsakt und der Anordnung der sofortigen Vollziehung zugrundeliegenden öffentlichen Interessen nicht wesentlich beeinträchtigen würde, kann aus der hohen Bedeutung der drohenden Beeinträchtigung von Rechten des Antragstellers nicht gefolgert werden, daß für das Vorliegen der diese Beeinträchtigung begründenden Tatsachen eine entsprechend hohe Wahrscheinlichkeit sprechen muß, während für die das öffentliche Interesse begründenden Tatsachen angesichts seiner geringeren Bedeutung deren bloße Möglichkeit ausreicht. Unter diesen Umständen muß vielmehr für die zugunsten des Antragstellers sprechenden Tatsachen eine geringere Wahrscheinlichkeit ausreichen können, und umgekehrt müssen höhere Anforderungen an die Erkenntnis der Tatsachen gestellt werden, auf die sich die Behörde beruft. Denn der Rechtsschutzanspruch des Bürgers aus Art. 19 Abs. 4 GG ist umso stärker, je schwerer die ihm auferlegte Belastung wiegt und je mehr die Maßnahmen der Verwaltung Unabänderliches bewirken können[7]. Die Anforderungen an die Erkenntnis der tatsächlichen Voraussetzungen des Aufschubinteresses müssen daher der jeweiligen Stärke dieses Rechtsschutzanspruchs gerecht werden, damit eine wirksame gerichtliche

---

[3] Vgl. oben Kapitel I 3 b bb; 4.

[4] Zu diesem Vergleich als Grundlage der Interessenabwägung schon oben 1 vor Fn. 7.

[5] Vgl. dazu *Finkelnburg*/Jank, Rn. 659; Limberger, 206f.

[6] So könnte Limberger, 207, verstanden werden.

[7] Vgl. BVerfGE 35, 382 (402); 67, 43 (59).

Kontrolle im Eilverfahren stattfinden kann[8]. Sie können daher nur unter der Voraussetzung *entsprechend* der Bedeutung der jeweils drohenden Beeinträchtigungen *erhöht* sein, daß sich die Intensität des durch die Vollziehung bewirkten Eingriffs in Rechte des Antragstellers und das Gewicht der aus einem Aufschub der Vollziehung folgenden Nachteile für das öffentliche Interesse ungefähr die Waage halten. Ist insoweit dagegen eine auch nur annähernde Gleichwertigkeit nicht festzustellen, muß eine Entscheidung zugunsten des jeweils als gewichtiger eingeschätzten Interesses auch schon aufgrund einer weniger sicheren tatsächlichen Grundlage getroffen werden können. Das heißt konkret: Kann aufgrund der vorliegenden Tatsachen festgestellt werden, daß ein schwerer Eingriff in Rechte des Antragstellers droht, so können schon geringe Zweifel am Vorliegen der Tatsachen, die ein möglicherweise ebenfalls gewichtiges Interesse an der sofortigen Vollziehung begründen, für das Überwiegen des Aufschubinteresses des Antragstellers sprechen — und umgekehrt. Unter diesen Umständen kann das Gericht sich also je nach Lage des Falls dafür entscheiden, trotz der Unsicherheiten in tatsächlicher Hinsicht nicht den Sachverhalt weiter zu erforschen, sondern diese Unsicherheiten bei der Interessenabwägung zu berücksichtigen und aufgrund dessen die aufschiebende Wirkung des Rechtsbehelfs anzuordnen oder wiederherzustellen oder den Antrag zurückzuweisen. Diese Vorgehensweise ist möglich, weil ein Wahrscheinlichkeitsurteil in jeder Situation des Verfahrens abgegeben werden kann und daher Ermittlungen nicht notwendig voraussetzt, sich aber je nach seiner Qualität zugleich auf die Bewertung der gegenüberstehenden Interessen auswirkt und so eine Entscheidung darüber ermöglicht, ob in der Sache entschieden werden kann oder ob der Sachverhalt weiter aufgeklärt werden muß. Selbstverständlich spielt auch der Zeitfaktor dabei eine Rolle[9].

Weder zur Bestimmung des im Einzelfall hinreichenden Grads von Wahrscheinlichkeit noch für die Beantwortung der Frage, ob Ermittlungen aufgenommen oder fortgesetzt werden sollen, kann es dagegen allein darauf ankommen, ob die sofortige Vollziehung von Gesetzes wegen oder erst aufgrund behördlicher Anordnung droht. Zwar ist die Ausgangslage des Eilverfahrens in beiden Fällen unterschiedlich, muß im einen Fall der Antragsgegner gegen ein gesetzlich schon vorausgesetztes Vollzugsinteresse ankämpfen, während im anderen die Behörde von einer Ausnahmebefugnis Gebrauch macht, die sie zu begründen hat. Diese Ausgangslage mag bei der Interessenabwägung in materieller Hinsicht von Bedeutung sein; aus ihr kann aber nicht abstrakt und allgemein die Entscheidungsregel hergeleitet werden, daß Zweifel in tatsächlicher Hinsicht jeweils dem Beteiligten zum Nachteil gereichen, der die Ausnahme von der Regel zu begründen hat. Wie in einem solchen Fall zu entscheiden ist — Sachentscheidung oder weitere Sachaufklärung —, kann vielmehr nur eine

[8] Auch dazu BVerfGE 67, 43 (58) m.w.N.

[9] Dazu ausführlicher schon oben Kapitel I 4.

Würdigung aller erheblichen Umstände des Einzelfalls nach den dargestellten Grundsätzen ergeben.

An einem Beispiel aus dem Asylrecht seien diese Grundsätze veranschaulicht: Lehnt das Bundesamt für die Anerkennung ausländischer Flüchtlinge einen Asylantrag als offensichtlich unbegründet ab, ist der Asylbewerber gesetzlich zur Ausreise verpflichtet (§ 11 Abs. 1 AsylVerfG). Gegen die Androhung der Abschiebung durch die zuständige Ausländerbehörde kann er zwar klagen; die Klage hat jedoch keine aufschiebende Wirkung (§ 11 Abs. 2 i.V.m. § 10 Abs. 2, 3 AsylVerfG). Das für den Antragsteller zur effektiven Wahrnehmung seiner Rechte im Klageverfahren höchst bedeutsame Bleiberecht bis zum Eintritt der Unanfechtbarkeit der Ablehnung seines Antrags hängt mithin allein von der Entscheidung im Verfahren nach § 80 Abs. 5 ab. Hierfür ist von Bedeutung, daß das Asylverfahrensgesetz die sofortige Ausreisepflicht nur an die Ablehnung des Asylantrags als *offensichtlich* unbegründet knüpft. Es kommt daher im Eilverfahren entscheidend auf die Frage an, ob das Bundesamt den Asylantrag zu Recht als offensichtlich unbegründet abgelehnt hat, da nur unter dieser Voraussetzung das von § 11 Abs. 2 AsylVerfG vorausgesetzte öffentliche Interesse an der Ausreise schon vor der bestandskräftigen Ablehnung des Antrags das Bleibeinteresse des Ausländers überwiegt[10].

Dem aufgrund der Art. 16 Abs. 2 S. 2; 19 Abs. 4 GG sehr gewichtigen Interesse des Ausländers, dem das ebenfalls bedeutsame öffentliche Interesse an der Ausreise politisch nicht verfolgter Ausländer gegenübersteht, wird das erkennende Gericht in diesem Verfahren nach Ansicht des Bundesverfassungsgerichts nur gerecht, wenn es jedenfalls dann, wenn es die Ablehnung des Asylantrags als offensichtlich unbegründet bestätigen und so das Überwiegen des Ausreiseinteresses feststellen will, über eine bloß summarische Prüfung hinausgeht und, falls erforderlich, auch Beweis erhebt[11]. Konsequent weitergedacht, muß diese Argumentation dazu führen, daß aufgrund der hohen Bedeutung der auf dem Spiel stehenden Rechtsgüter des Antragstellers vom Gericht nicht verlangt werden kann, auch eine Anordnung der aufschiebenden Wirkung erst nach erschöpfender Sachaufklärung in Betracht zu ziehen. Dafür müssen vielmehr schon begründete Zweifel an der Richtigkeit der tatsächlichen Feststellungen genügen, aus denen das Bundesamt die offensichtliche Unbegründetheit des Asylantrags hergeleitet hat[12]. Das leuchtet auch vor dem Hintergrund der Regelung des Asylverfahrensgesetzes ein: Wenn die aufschiebende Wirkung eines Rechtsbehelfs gemäß § 11 Abs. 1 AsylVerfG nur deshalb automatisch entfällt, weil „offen zutage (liegt), daß ein Antragsteller in seinem

[10] BVerfGE 67, 43 (61).

[11] BVerfG, a.a.O. (62).

[12] So ausdrücklich das OVG Lüneburg als Beschwerdegericht im Eilverfahren in dem der Entscheidung des Bundesverfassungsgerichts zugrundeliegenden Fall; vgl. BVerfGE 67, 43 (52).

Heimatland politisch nicht verfolgt wird"[13], müssen schon bloße Zweifel an der Richtigkeit der tatsächlichen Feststellungen des Bundesamts zur Anordnung der aufschiebenden Wirkung führen, denn sie haben zur Folge, daß von einem „Offen-zutage-Liegen" gerade nicht mehr die Rede sein kann.

[13] BVerfG, a.a.O. (60).

III. Ausblick: § 920 Abs. 2 ZPO — eine für die Tatsachenfeststellung im verwaltungsgerichtlichen Eilverfahren überflüssige Vorschrift

Die abschließenden Bemerkungen zu § 920 Abs. 2 ZPO können knapp gehalten werden[1]. Der Sachverhalt, der einer Entscheidung im verwaltungsgerichtlichen Eilverfahren zu grundezulegen ist, wird von den Beteiligten und dem Gericht gemeinsam zusammengestellt. Der Antragsteller soll dabei dem Gericht eine Meinungsbildung über seine tatsächlichen Behauptungen zwar in einem gegenüber dem Normalprozeß gesteigerten Maß durch eigene Beweisführung ermöglichen, darf aber allein an einem Mißlingen seiner Bemühungen darum nicht scheitern. Seine Beweisführung wie auch die Erkenntnisbildung des Gerichts sind durch Erweiterung der Beweismittel und Herabstufung der Erkenntnisanforderungen erleichtert. Eine Beweisaufnahme ist zulässig, auch wenn sie nicht sofort durchgeführt werden kann. Das Gericht darf, ja muß in der Regel dennoch eine Entscheidung unter Ungewißheit treffen, soll das Eilverfahren seinen Zweck nicht verfehlen. Daher kann es auch nicht darauf ankommen, einen bestimmten Grad von Wahrscheinlichkeit als allgemeingültigen Maßstab für die tatsächliche Entscheidungsgrundlage festzulegen; vielmehr muß in jedem Einzelfall das jeweils gegebene Maß an Ungewißheit in Verhältnis zu dem Gewicht der übrigen für die Entscheidung maßgebenden Faktoren gesetzt werden.

Es hat sich indes herausgestellt, daß es nicht erst der Anwendung des § 920 Abs. 2 ZPO bedarf, um dies zu bewirken. Die Vorschrift kann ohnehin nur für einen Teilbereich des Vorgangs der Sachverhaltsfeststellung Regeln aufstellen. Aber welche Regeln das genau sind, läßt sich ihr, wie gezeigt, gerade nicht entnehmen. Unmittelbar folgt aus ihrer Geltung im verwaltungsgerichtlichen Eilverfahren — positiv — allein die Zulässigkeit einer entsprechenden Anwendung des § 294 Abs. 1 ZPO[2] — ein geradezu armseliger Befund, der in seiner Bedeutung darüber hinaus noch dadurch eingeschränkt wird, daß diese Norm auch über § 173 Eingang in den Verwaltungsprozeß finden kann. Unmittelbar ist der Verweis auf § 920 Abs. 2 ZPO — negativ — aber auch Ursache dafür, daß die Anforderungen an den Erkenntnisvorgang im Eilverfahren normativ nicht klar genug bestimmt sind, sondern erst nach umfangreichen Auslegungsbemühungen im einzelnen beschrieben werden konnten. Das Ergebnis dieser Untersu-

---

[1] Zu den Ergebnissen im einzelnen oben Kapitel I 6, II 2 b.

[2] Alle weiteren Modifikationen des gerichtlichen Verfahrens können sich demgegenüber schon aus dem Wortlaut und dem Zweck der §§ 80 Abs. 5, 123 Abs. 1 sowie aus den dafür entwickelten Entscheidungsmaßstäben ergeben; dazu ebenfalls oben I 6, II 2 b.

chung mag zwar einen Ausgangspunkt für die weitere wissenschaftliche Auseinandersetzung oder für eine den Erfordernissen des Eilverfahrens möglicherweise besser gerecht werdende Praxis der Gerichte bilden können. Im Interesse eines wirksamen gerichtlichen Rechtsschutzes, zu dem das Eilverfahren ja einen wichtigen Beitrag leisten soll, wäre es jedoch besser, den Anlaß für die dargestellten Unklarheiten und Mißverständnisse zu beseitigen. Der Verzicht auf die spezielle Verweisung auf einzelne Vorschriften der §§ 916ff. ZPO — freilich nicht ohne eine die Motive dafür verdeutlichende Klarstellung in der Gesetzesbegründung — sollte daher bei den Beratungen der zuständigen Gremien auf der Tagesordnung stehen: Will der Gesetzgeber in der neuen Verwaltungsprozeßordnung schon nicht die *materiellen* Voraussetzungen einer einstweiligen Anordnung in einer dem Verwaltungsprozeß adäquateren Weise als bisher formulieren[3], so sollte er wenigstens die Chance für eine eigenständige verwaltungsprozeßrechtliche Regelung des *Verfahrens* und insbesondere des dazu gehörenden Vorgangs der Tatsachenfeststellung nicht wieder so leichtfertig vergeben wie schon bei Erlaß der Verwaltungsgerichtsordnung.

[3] Auch diese Anleihe aus dem Zivilprozeßrecht war immer wieder Gegenstand kritischer Äußerungen; vgl. nur Quaritsch, VerwArch 51 (1960), 210 (230ff.) und passim; Bickel, DÖV 1983, 49 (52f.); Finkelnburg/*Jank*, Rn. 139; beiläufig auch Redeker/von Oertzen, § 123 Anm. 5 (a.E.).

Schrifttumsverzeichnis

Bachof, Otto: Aussetzung der Vollziehung und einstweilige Verfügung im Verwaltungsprozeß, NJW 1949, 328

— Die verwaltungsgerichtliche Klage auf Vornahme einer Amtshandlung, Tübingen 1951, unveränderter Nachdruck 1968
(zit.: Bachof, Die verwaltungsgerichtliche Klage)

Bauer, Gerhard: Die unterschiedlichen Bedeutungen des juristischen Fachbegriffs „Glaubhaftmachung" im Sozial-, Steuer- und Verwaltungsrecht, ZfSH/SGB 1984, 445

Baumbach, Adolf / *Lauterbach*, Wolfgang / *Albers*, Jan / *Hartmann*, Peter: Zivilprozeßordnung, 44. Auflage, München 1986
(zit.: Baumbach / Lauterbach)

Baur, Fritz: Richterliche Hinweispflicht und Untersuchungsgrundsatz, in: Rechtsschutz im Sozialrecht, hrsg. von Werner Weber, Carl Hermann Ule und Otto Bachof, Köln u. a. 1965, 35ff.
(zit.: Baur, Richterliche Hinweispflicht)

— Studien zum einstweiligen Rechtsschutz, Tübingen 1967
(zit.: Baur, Studien)

Berg, Wilfried: Die verwaltungsrechtliche Entscheidung bei ungewissem Sachverhalt, Berlin 1980

Bettermann, Karl August: Zur Beweislast im Verwaltungsprozeß, DVBl. 1957, 84

Bickel, Heribert: Vorläufiger Rechtsschutz und materielles Recht, DÖV 1983, 49

Bomsdorf, Falk: Prozeßmaximen und Prozeßwirklichkeit, Berlin 1971

Kommentar zum Bonner Grundgesetz (Bonner Kommentar), Loseblattausgabe, Stand Juli 1985 (50. Lieferung)
(zit.: Verfasser in BK)

Bopp, Fred: Die Untersuchungsmaxime im deutschen und französischen Verwaltungsprozeß, Nürnberg 1969

Brüggemann, Dieter: Judex statutor und judex investigator, Bielefeld 1968

Bürck, Harald: Die Mitwirkung der Beteiligten bei der Sachaufklärung im sozialgerichtlichen Verfahren, DÖV 1982, 223

Darnstädt, Thomas: Gefahrenabwehr und Gefahrenvorsorge, Frankfurt 1983

Döhring, Erich: Die Erforschung des Sachverhalts im Prozeß, Berlin 1964

Erichsen, Hans-Uwe: Die einstweilige Anordnung nach § 123 VwGO, Jura 1984, 644

Eyermann, Erich / *Fröhler*, Ludwig: Verwaltungsgerichtsgesetz für Bayern, Bremen, Hessen und Württemberg-Baden, Kommentar, München und Berlin 1950
(zit.: Eyermann / Fröhler, VGG)

—/— Verwaltungsgerichtsordnung, 8. Auflage, München 1980
(zit.: Eyermann / Fröhler)

Finkelnburg, Klaus: Vorläufiger Rechtsschutz im Verwaltungsstreitverfahren (unter Mitarbeit von Klaus Peter Jank), 2. Auflage, München 1979
(zit.: Finkelnburg)

Finkelnburg, Klaus / *Jank*, Klaus Peter: Vorläufiger Rechtsschutz im Verwaltungsstreitverfahren, 3. Auflage, München 1986

Greger, Reinhard: Beweis und Wahrscheinlichkeit, Köln u.a. 1978

Grunsky, Wolfgang: Der einstweilige Rechtsschutz im öffentlichen Recht, JuS 1977, 217

— Grundlagen des einstweiligen Rechtsschutzes, JuS 1976, 277

— Grundlagen des Verfahrensrechts, 2. Auflage, Bielefeld 1974
(zit.: Grunsky, Grundlagen)

Haverkämper, Jörn: Die verfassungsrechtlichen Grundlagen der Maximen des Verwaltungsprozeßrechts, Münster 1973

Hirtz, Bernd: Darlegungs- und Glaubhaftmachungslast im einstweiligen Rechtsschutz, NJW 1986, 110

Hoffmann, Bodo-Falk: Die neue verwaltungsgerichtliche „Eilverfahrensordnung" — Zur richterlichen Fortbildung des § 80 Abs. 5 VwGO, DÖV 1976, 371

Jauernig, Othmar: Zivilprozeßrecht, 21. Auflage, München 1985

Klein, Friedrich: Die Zulässigkeit von einstweiligen Verfügungen im Verfahren vor den Verwaltungsgerichten der amerikanischen und der britischen Besatzungszone sowie vor dem Bundesverfassungsgericht, DVBl. 1950, 200

Klinger, Hans: Die Verordnung über die Verwaltungsgerichtsbarkeit in der britischen Zone, 2. Auflage, Göttingen 1953
(zit.: Klinger, MRVO)

— Verwaltungsgerichtsordnung, Kommentar, 2. Auflage, Göttingen 1964

Koch, Hans-Joachim / *Rüßmann*, Helmut: Juristische Begründungslehre, München 1982

Koehler, Alexander: Verwaltungsgerichtsordnung, Kommentar, Berlin und Frankfurt 1960

Kopp, Ferdinand O.: Verwaltungsgerichtsordnung, 7. Auflage, München 1986
(zit.: Kopp, VwGO)

— Verwaltungsverfahrensgesetz, 3. Auflage, München 1983
(zit.: Kopp, VwVfG)

Kropshofer, Birger: Untersuchungsgrundsatz und anwaltliche Vertretung im Verwaltungsprozeß, Berlin 1981

Lang, Arno: Untersuchungs- und Verhandlungsmaxime im Verwaltungsprozeß, VerwArch 52 (1961), 60; 175

Leipold, Dieter: Beweislastregeln und gesetzliche Vermutungen, Berlin 1966

— Grundlagen des einstweiligen Rechtsschutzes im zivil-, verfassungs- und verwaltungsgerichtlichen Verfahren, München 1971

Limberger, Judith: Probleme des vorläufigen Rechtsschutzes bei Großprojekten, Berlin 1985

Lippert, Hans-Dieter: Verwaltungsprozessuale Probleme bei der Vergabe von Studienplätzen im Eilverfahren, DVBl. 1977, 558

Lüke, Gerhard: Grundsätze des Verwaltungsprozesses, JuS 1961, 41

Maetzel, Wolf Bogumil: Beweislast und Beweiserhebung im Verwaltungsprozeß, DÖV 1966, 520

Martens, Joachim: Die Praxis des Verwaltungsprozesses, München 1975

Martens, Wolfgang: Suspensiveffekt, Sofortvollzug und vorläufiger gerichtlicher Rechtsschutz bei atomrechtlichen Genehmigungen, Köln u. a. 1983
(zit.: Martens, Suspensiveffekt)

Marx, Manfred: Die Notwendigkeit und Tragweite der Untersuchungsmaxime in den Verwaltungsprozeßgesetzen (VwGO, SGG, FGO), Frankfurt u. a. 1985

Maunz, Theodor / *Dürig*, Günter u. a.: Kommentar zum Grundgesetz, Loseblattausgabe, Stand 24. Lieferung, München 1985
(zit.: Bearbeiter in Maunz / Dürig)

Menger, Christian-Friedrich: Allgemeine Prozeßrechtssätze in der Verwaltungsgerichtsordnung, in: Staatsbürger und Staatsgewalt II, Karlsruhe 1963, 427ff.

— System des verwaltungsgerichtlichen Rechtsschutzes, Tübingen 1954
(zit.: Menger, System)

Michael, Alexander R.: Die Verteilung der objektiven Beweislast im Verwaltungsprozeß, Heidelberg 1976

Münch, Ingo von (Hrsg.): Grundgesetz-Kommentar, Band 1, 3. Auflage, München 1985
(zit.: Bearbeiter in von Münch)

Musielak, Hans-Joachim: Das Övervictsprincip. Zum Verhältnis von richterlicher Überzeugung und Wahrscheinlichkeit, in: Internationales Privatrecht und Rechtsvergleichung im Ausgang des 20. Jahrhunderts, Festschrift für Gerhard Kegel (hrsg. von Axel Lüderitz und Jochen Schröder), Frankfurt 1977, 451 ff.
(zit.: Musielak)

Musielak, Hans-Joachim / *Stadler*, Max: Grundfragen des Beweisrechts, München 1984

Nell, Ernst Ludwig: Wahrscheinlichkeitsurteile in juristischen Entscheidungen, Berlin 1983

Obermayer, Klaus: Bemerkungen zur einstweiligen Anordnung im Verwaltungsprozeß, in: Gedächtnisschrift Hans Peters, Berlin u. a. 1967, 875ff.

Peschau, Hans-Hermann: Die Beweislast im Verwaltungsrecht, Berlin 1983

Pestalozza, Christian: Der Untersuchungsgrundsatz, in: Verwaltungsverfahren — Festschrift zum fünfzigjährigen Bestehen des Richard-Boorberg-Verlags (hrsg. von Walter Schmitt Glaeser), Stuttgart u. a. 1977, 185ff.

Pietzner, Rainer / *Ronellenfitsch*, Michael: Das Assessorexamen im Öffentlichen Recht, 4. Auflage, Düsseldorf 1983

Plagemann, Hermann: Vorläufiger Rechtsschutz im Verfahren vor den Sozialgerichten, Essen 1979

Quaritsch, Helmut: Die einstweilige Anordnung im Verwaltungsprozeß, VerwArch 51 (1960), 210; 342

Rabeneck, Hartmut: Vorbeugender Verwaltungsrechtsschutz, München 1968

Redeker, Konrad: Untersuchungsgrundsatz und Mitwirkung der Beteiligten im Verwaltungsprozeß, DVBl. 1981, 83

— Verfahrensrechtliche Bindungen der Untersuchungsmaxime im Verwaltungsprozeß, in: Staatsbürger und Staatsgewalt II, Karlsruhe 1963, 475 ff.

Redeker, Konrad / *von Oertzen*, Hans-Joachim: Verwaltungsgerichtsordnung, Kommentar, 8. Auflage, Stuttgart u. a. 1986

Renner, Günter: Zur gerichtlichen Aussetzung des Sofortvollzugs im Verwaltungsprozeß, MDR 1979, 887

Rohmeyer, Hartwig: Geschichte und Rechtsnatur der einstweiligen Anordnung im Verwaltungsprozeß, Berlin 1967

Rosenberg, Leo / *Schwab*, Karl Heinz: Zivilprozeßrecht, 13. Auflage, München 1981

Rupp, Hans Heinrich: Zur neuen Verwaltungsgerichtsordnung: Gelöste und ungelöste Probleme, AöR 85 (1960), 149

Schmidt, Walter: Staats- und Verwaltungsrecht, Frankfurt 1985

Schneider, Egon: Beweis und Beweiswürdigung (unter besonderer Berücksichtigung des Zivilprozesses), 3. Auflage, München 1978

Scholler, Heinrich / *Broß*, Siegfried: Verfassungs- und Verwaltungsprozeßrecht, Bonn 1980

Schunck, Egon / *De Clerck*, Hans: Gesetz über das Bundesverwaltungsgericht, Kommentar, Siegburg 1953
(zit.: Schunck / De Clerck, BVerwGG)

—/— Das Landesgesetz über die Verwaltungsgerichtsbarkeit für Rheinland-Pfalz, Kommentar, Siegburg 1952
(zit.: Schunck / De Clerck, VGG)

—/— Verwaltungsgerichtsordnung, 3. Auflage, Siegburg 1977
(zit.: Schunck / De Clerck)

Stein / Jonas: Kommentar zur Zivilprozeßordnung, bearbeitet von Wolfgang Grunsky, Dieter Leipold, Wolfgang Münzberg, Peter Schlosser, Ekkehard Schumann, 20. Auflage, Tübingen 1984
(zit.: Stein / Jonas / Bearbeiter)

Stelkens, Paul / *Bonk*, Heinz Joachim / *Leonhardt*, Klaus: Verwaltungsverfahrensgesetz, Kommentar, 2. Auflage, München 1983

Stern, Klaus: Verwaltungsprozessuale Probleme in der öffentlichrechtlichen Arbeit, 5. Auflage, München 1981

Teplitzky, Otto: Arrest und einstweilige Verfügung, JuS 1980, 882; 1981, 122; 352; 435

Thomas, Heinz / *Putzo*, Hans: Zivilprozeßordnung, Kommentar, 13. Auflage, München 1985

Tietgen, Walter: Anmerkung zum Urteil des BVerwG vom 18.4.1956 — V C 145/55, DVBl. 1956, 683

— Beweislast und Beweiswürdigung im Zivil- und Verwaltungsprozeß, Gutachten für den 46. Deutschen Juristentag (2 B), München 1966
(zit.: Tietgen, Gutachten)

Tschira, Oskar / *Schmitt Glaeser*, Walter: Verwaltungsprozeßrecht, 7. Auflage, Stuttgart u.a. 1985

Ule, Carl Hermann: Anmerkung zu dem Beschluß des VG Hannover vom 7.7.1960 — IV B 20/60, DVBl. 1961, 48

— Verantwortung der Verwaltungsgerichte für wirtschaftliches Risiko?, GewArch 1978, 73

— Verwaltungsgerichtsbarkeit, in: Verwaltungsgesetze des Bundes und der Länder, hrsg. von Max von Brauchitsch, Band I, 2. Halbband, 2. Auflage, Köln u.a. 1962
(zit.: Ule, Verwaltungsgerichtsbarkeit)

— Verwaltungsprozeßrecht, 8. Auflage, München 1983
(zit.: Ule, Verwaltungsprozeßrecht)

— Zum Verhältnis von Zivilprozeß und Verwaltungsprozeß, DVBl. 1954, 137

Walter, Gerhard: Freie Beweiswürdigung, Tübingen 1979

Wieczorek, Bernhard: Zivilprozeßordnung und Nebengesetze, fortgeführt von Georg F. Rössler und Rolf A. Schütze, 2. Auflage, Berlin / New York 1976

Zettel, Günther: Der Beibringungsgrundsatz: Seine Struktur und Geltung im deutschen Zivilprozeßrecht, Berlin 1977

Zöller, Richard: Zivilprozeßordnung, 14. Auflage, Köln 1984
(zit.: Zöller / Bearbeiter)

FSC
www.fsc.org
MIX
Papier | Fördert
gute Waldnutzung
FSC® C083411

Kolibri 360 GmbH
Ferdinand-Jühlke-Straße 7
99095 Erfurt, Deutschland
produktsicherheit@kolibri360.de

Druck:
CPI Druckdienstleistungen GmbH
im Auftrag der
Kolibri 360 GmbH
Ferdinand-Jühlke-Str. 7
99095 Erfurt